QIYE YOUXIU BANZU ANQUAN JIANSHE FANGFA XILIE DUBEN

企业优秀班组安全建设方法系列读本

优秀班组必备的安全生产管理制度

姚小风 编著

中国劳动社会保障出版社

图书在版编目(CIP)数据

优秀班组必备的安全生产管理制度/姚小风编著. —北京：中国劳动社会保障出版社，2013

（企业优秀班组安全建设方法系列读本）

ISBN 978-7-5167-0392-2

Ⅰ.①优… Ⅱ.①姚… Ⅲ.①生产小组-工业企业管理-安全生产-企业管理制度 Ⅳ.①F406.6

中国版本图书馆 CIP 数据核字(2013)第 098681 号

中国劳动社会保障出版社出版发行

（北京市惠新东街 1 号 邮政编码:100029）

出 版 人 :张梦欣

*

新华书店经销

北京地质印刷厂印刷 三河市华东印刷装订厂装订

787 毫米×1092 毫米 16 开本 13.75 印张 254 千字

2013 年 5 月第 1 版 2013 年 5 月第 1 次印刷

定价：35.00 元

读者服务部电话：（010） 64929211/64921644/84643933

发行部电话：（010） 64961894

出版社网址：http://www.class.com.cn

内 容 提 要

这是一本关于企业生产班组安全管理的制度推行手册，是生产班组推行安全生产制度管理、加强安全生产制度保障的指导用书。

本书以**漫画**的形式诠释了班组安全生产必备的制度条款，并以**范本**的形式展现了班组安全生产的61个制度，制度范围涉及安全生产目标管理、安全生产过程管理、班组危险作业管理、作业环境安全保障、危险气体设施安全管理、企业安全教育管理、企业消防安全管理、企业工伤事故管理等，能为班组开展安全生产管理工作提供实务性很高的指导。

本书适合企业生产部管理人员、人力资源部或培训部人员、生产现场管理人员（班组长、线长、拉长、工段长等）以及生产管理领域的研究人员阅读和使用。

前　言

为了响应国务院安全生产委员会在全国组织开展**“安全生产月”**活动的号召，本着**“拿来即用”**的务实态度，“企业优秀班组安全建设方法系列读本”旨在解决企业及班组生产过程中出现的各种安全问题，帮助企业实现生产**“零事故、零伤害、零损失”**的目标。

“企业优秀班组安全建设方法系列读本”通过生动的漫画、趣味的讲解、形象的举例，全面地阐述了班组安全管理的实用知识与技巧，以帮助企业及班组加强安全生产文化建设，提高安全保障能力，有效防范和遏制安全事故的发生，促进安全生产形势的持续好转。

“企业优秀班组安全建设方法系列读本”依据“安全第一，预防为主，综合治理”的方针，通过安全生产禁令、反“三违”、劳动防护与应急救护、安全生产管理制度、安全生产工作方法、安全生产标准化建设等实用内容，为读者提供了全方位的安全生产工作指导和参考依据。

《优秀班组必备的安全生产管理制度》是“企业优秀班组安全建设方法系列读本”之一。本书以优秀班组必备的安全生产管理制度为主线，通过妙趣横生的漫画诠释了班组生产过程中涉及的安全管理制度条款，以帮助班组规范安全生产作业，顺利实现企业安全生产管理的目标。全书具有以下三大特点：

一、用漫画解说制度条款便于制度的执行

本书每一节都以漫画开篇，通过**82幅漫画解说**了安全生产管理**制度**的重点**条款**，这是本书的最大特色。这82幅精心挑选的漫画，可供企业及其班组管理人员**“拿来即用”**，即直接用来对现场作业人员进行宣传、讲解，以便他们能够理解、记忆制度条款，从而更有利于推进、落实制度的执行。

二、用范本呈现班组安全生产管理制度

本书从安全生产目标管理、安全生产过程管理、班组危险作业管理、作业环境安全保障、危险气体设施安全管理、企业安全教育管理、企业消防安全管理、企业工伤事故管理8个方面提供了**61个安全管理制度范本**，为企业班组推行安全生产制度管理、加强安全生产制度保障提供了实务性很强的指导。

本书提供的61个安全管理制度范本，可供企业在制定班组安全生产管理制

度时“**拿来即用**”，或根据本企业实际情况“**稍改即用**”。

在本书编写的过程中，孙立宏、孙宗坤、王淑燕、刘井学、刘伟负责资料的收集和整理，廖应涵、王建霞、王玉凤、李苏洋负责插图设计，韦建华、王希跃编写了第1～2章，孙玖凡、韩建国编写了第3～4章，姚严胜、毕汪峰编写了第5～6章，严刘建、薛显东编写了第7～8章，池永明、王瑞永编写了第9章，韩燕、王海燕编写了第10章，全书由姚小风统撰定稿。

准正锐质生产管理咨询中心
2013年3月

目　录

第 1 章

企业优秀班组的安全管理

1.1 企业生产班组的特点

班组在企业内部处于十分重要的地位。班组属于企业分级管理体制中不可缺少的基层组织，也是企业横向管理中不可缺少的重要环节，是企业组织结构中的基石，是企业的基本细胞。具体来说，班组在企业中的作用主要有 5 个方面，具体如图 1—1 所示。

作用	具体说明
企业组织的基本单位	1．从企业内部组织结构来看，企业根据自身的需要可能采用某一组织结构（如职能制、矩阵制等），但是无论采用怎样的组织结构、有多少管理层次，都离不开班组这个基层组织 2．从横向来看，班组虽然只是某一个局部的环节，但是如果没有了它，企业的组织和营运过程就可能脱节，最终会破坏企业内部的均衡生产，造成生产活动中断
企业内部管理的基础	1．企业要想实现“投入少，产出快，成效好”这个目标，必须加强对基层班组的管理 2．班组是企业管理的基础，离开了班组，企业管理就缺少了基础，管理也就成了一句空话
贯彻执行工作的落脚点	企业方针、企业改革、思想工作、员工队伍建设、生产指标和计划、生产作业进度和作业标准、技术工艺、质量要求、制度执行、劳动保护、环境卫生等各领域的工作，都需要班组来具体开展
提高员工素质的培训基地	通过学习政治理论、业务和文化知识，激发员工积极向上的热情，消除歪风邪气等不良倾向。抓实班组教育，也就把握了员工素质提高的途径
企业文化建设的前沿阵地	班组是培育企业文化的重要阵地。各级管理者特别是班组长，要充分把握好这个阵地，配合上级关于文化建设的总要求，积极组织开展各种系统教育

图 1—1　班组在企业中的作用

班组作为生产最基本、最直接和最基层的职能单位和管理单位，有其自身的以下几个方面的基本特点：

1.1.1 结构小

“小”是班组结构的显著特点。班组所属作业人员少则三五人、十几人，多则不过几十人。从生产设备来说，少的只有几台、十几台，多则不过几十台；一般来说，班组生产的产品有的仅是单一产品，有的只是一种产品的某几道工序或工段；同时，班组生产方式相对单一，有的班组人员共同从事同一个工种，有的则是几个工种的组合。

1.1.2 生产细

一件产品虽然有复杂和简单工艺之分，但必须通过作业细分才能实现工业化流水生产。所以，一项生产任务从分解、下达到各个生产车间后，车间会将第一次分解的任务和指标（如计划、效率、质量、成本、出勤、安全、卫生、纪律等），按照班组职能的不同分成更小的若干个任务和指标，下达到各班组。

班组接到任务后，又将领受的任务和指标分解到各作业工作单元，把任务落实到每个人，考核每个组员，管理和监督每个组员。

1.1.3 工作全

生产企业中所有与生产和产品有关的一切工作，最终都要落实到车间、班组，都要通过班组及其成员来贯彻执行。

生产经营目标和计划需要布置到班组来贯彻，工艺要求和作业标准需要班组来执行，进度需要班组来把握，质量需要班组来控制，成本核算需要落实到班组，培训、学习需要班组积极组织。另外，优化组合、文化建设，纪律、安全、卫生等管理和考核分配等都要班组来展开。

1.1.4 任务实

对优秀的生产班组而言，生产计划和进度要抓实，员工的工艺技能培训要抓实，质量控制要抓实，人员出勤和动态要抓实，交货时间要抓实，成本费用要抓实，考核分配要算实，制度落实、安全卫生要抓实。

1.2　班组安全管理的原则和方法

1.2.1　班组安全管理原则

班组安全管理的原则主要包括 7 项，具体内容见表 1—1。

表 1—1　　班组安全管理原则说明表

原　则	说　明
零事故原则	1. 企业管理者在追求效益最大化、利润最大化的同时，始终关注安全管理，舍得花费人力、财力和物力投入安全管理 2. 积极做好员工安全技能培训和安全教育，制定和坚决贯彻安全操作规程和安全制度
科学性原则	1. 要按事故、危害发生和生产进度的客观规律办事，有的放矢，采取措施 2. 学习和运用各种科学理论和方法提高安全管理水平，努力把传统的安全管理经验和现代化的安全管理理论有机结合起来，提高班组安全管理水平
目的性原则	确立班组安全管理的具体内容和目标，构建班组安全生产连续的、闭环的管理系统，使班组安全管理全过程与该系统相适应，并始终发挥有效作用，确保安全生产
预防为主原则	1. “安全第一，预防为主，综合治理”，在安全生产管理上，必须切实采取有效措施，包括有效教育、有效约束、岗位责任制、谁使用谁负责、谁管理谁负责，以及行政和经济手段等落实预防为主的任务 2. 从领导到员工、从决策阶段到产品交付，在各层面、各环节都贯彻“安全第一，预防为主，综合治理”的安全生产方针，保证生产正常有序地进行
危险预知原则	必须将岗位和现场潜在的危险因素辨识出来，在事故发生前，尽早发现和掌握这些潜在的危险因素，进行必要的预测和预知，及时加以控制和解决，从根本上防止事故发生
综合治理原则	1. 安全管理工作，不仅靠主管部门和安全员，还必须依靠车间主管、班组长、组员等，从人员、设备、环境、制度、纪律、操作、奖惩等各方面和环节协调组织 2. 运用法律、行政、经济、技术、教育等有效手段，创造良好的安全生产秩序和环境
全员参与原则	每个员工都必须从企业利益和企业生存、个人工作需要和岗位的角度，主动发掘所在现场和设备的不安全因素，以无事故和无隐患为目标，共同加以控制和解决，从根本上防止事故发生

1.2.2 班组安全管理方法

班组安全管理需要从总体出发，实行系统安全管理。将安全管理引申到整个生产环节的安全论证、设计、审核、制造、试制、维修和产品使用的全过程。班组安全管理方法的具体说明，如图 1—2 所示。

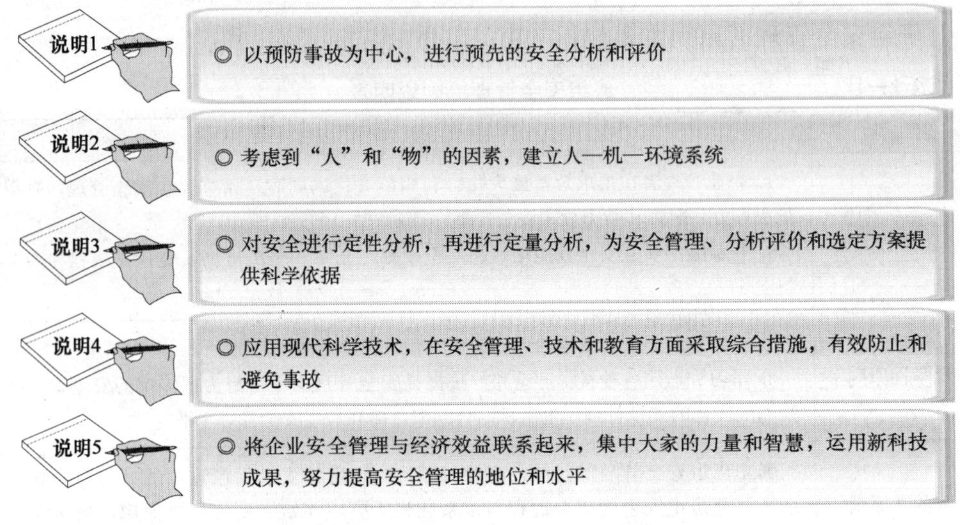

图 1—2　班组安全管理方法的说明

1.3 优秀班组的安全管理职能

1.3.1 建立并完善安全管理制度

班组应建立并完善的安全管理制度，其中包括安全会议制度、隐患排查治理制度、班组和各岗位安全评估制度、安全检查与奖惩制度、班组学习培训制度、现场安全文明生产制度、安全举报制度、员工安全权益维护制度等。用制度管人、管事，做到安全监管有章可循。

同时，采取切实有效的措施确保制度的落实，做到有章必循，违章必究。企业对班组安全生产工作应每月进行一次集中考核，并将考核结果作为班组长、班组员工年度评优评先、奖金分配的依据之一。

1.3.2 推行班组安全风险预控

安全管理的实质是风险管理，推行班组安全风险预控可以规避和化解安全风险，有效控制安全事故，保证企业安全发展，促进企业平安和谐。班组安全风险预控的方法，如图 1—3 所示。

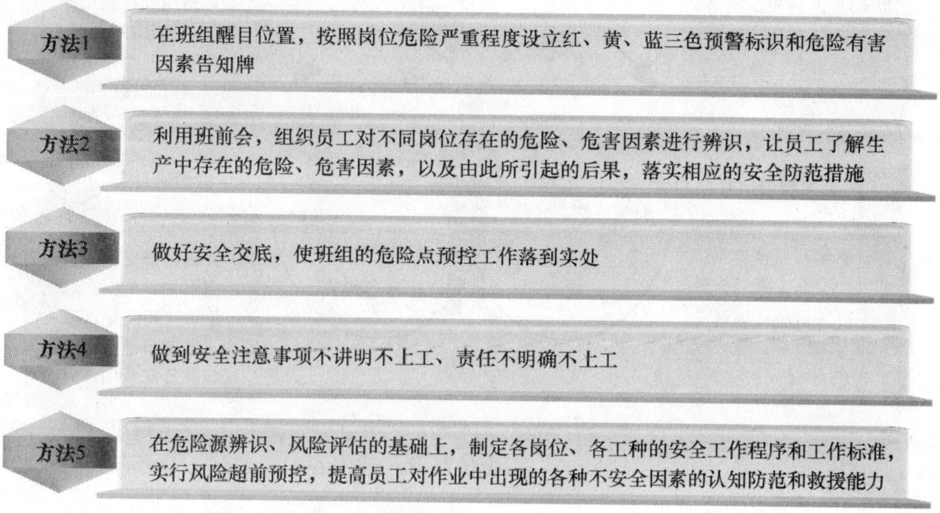

方法1　在班组醒目位置，按照岗位危险严重程度设立红、黄、蓝三色预警标识和危险有害因素告知牌

方法2　利用班前会，组织员工对不同岗位存在的危险、危害因素进行辨识，让员工了解生产中存在的危险、危害因素，以及由此所引起的后果，落实相应的安全防范措施

方法3　做好安全交底，使班组的危险点预控工作落到实处

方法4　做到安全注意事项不讲明不上工、责任不明确不上工

方法5　在危险源辨识、风险评估的基础上，制定各岗位、各工种的安全工作程序和工作标准，实行风险超前预控，提高员工对作业中出现的各种不安全因素的认知防范和救援能力

图 1—3　班组安全风险预控方法

1.3.3　完善班组安全信息管理

班组要建立、健全安全信息管理系统，就必须认真填写相关安全信息，其中包括班前会、班后会信息，安全检查、安全交底、交接班等信息内容。通过完善班组安全信息管理，有效避免安全事故的发生。安全信息管理的具体内容，如图 1—4 所示。

1.3.4　加强班组安全教育培训

加强班组安全生产知识和岗位技能培训，班组长和班组成员须经培训考核合格后方可上岗，特殊工种要做到持证上岗。严格执行新员工的岗前安全培训和班组安全教育，做到应知应会。

要经常组织岗位技术练兵和事故应急演练，提高员工的安全生产技能。要积极开展形式多样、体现班组特色的安全文化活动，增强安全生产法制意识，强化先进的安全生产理念，落实员工、群众安全生产知情权、参与权、监督权和举报权。培养和弘扬班组团队精神，做到工作相互支持、密切配合，工序衔接、协调无误。

1.3.5　加强班组现场安全管理

加强班组现场安全管理主要包括生产现场环境管理和生产现场设备管理两个

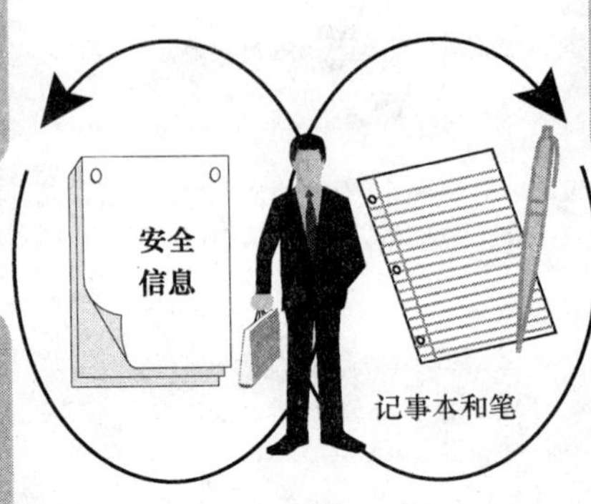

图 1—4　安全信息管理的内容

方面，具体方法见表 1—2。

表 1—2　　加强班组现场安全管理方法表

管理事项	做　法
生产现场环境管理	1. 及时清理现场垃圾、废品、油渣等杂物，保持岗位清洁、有序 2. 切实改善工作环境，生产作业现场整洁有序，物资工具堆放整齐，安全通道畅通，安全标志明显，安全管理制度和安全操作规程张贴上墙
生产现场设施设备管理	1. 完善设备管理标识，明确管理责任 2. 班组使用的各种设备、设施必须做到无隐患，安全防护设置齐全可靠 3. 加强现场安全监护，督促职工在工作期间正确佩戴、使用劳动防护用品

1.3.6　开展班组安全技术革新

鼓励员工广泛开展安全生产小发明、小创造、小改造等安全技术革新和管理创新实践活动，为提高员工实践技能和业务素质提供服务平台。鼓励员工立足岗位进行技术创新和技术革新，努力营造学技术、钻业务、争先进、保安全的浓厚氛围。不断引进先进技术，提高安全监测水平，提升安全管理模式，切实维护员工的安全健康。

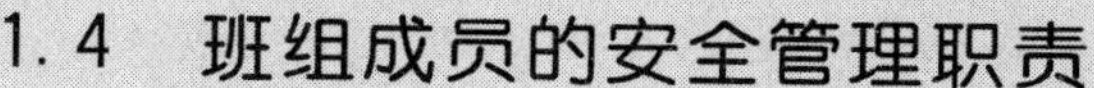

1.4　班组成员的安全管理职责

1.4.1　班组长安全管理职责

班组长作为班组的管理者应以身作则，模范地遵守各项安全生产规章制度、安全操作规程，遵纪守法。班组长具体的安全管理职责，如图 1—5 所示。

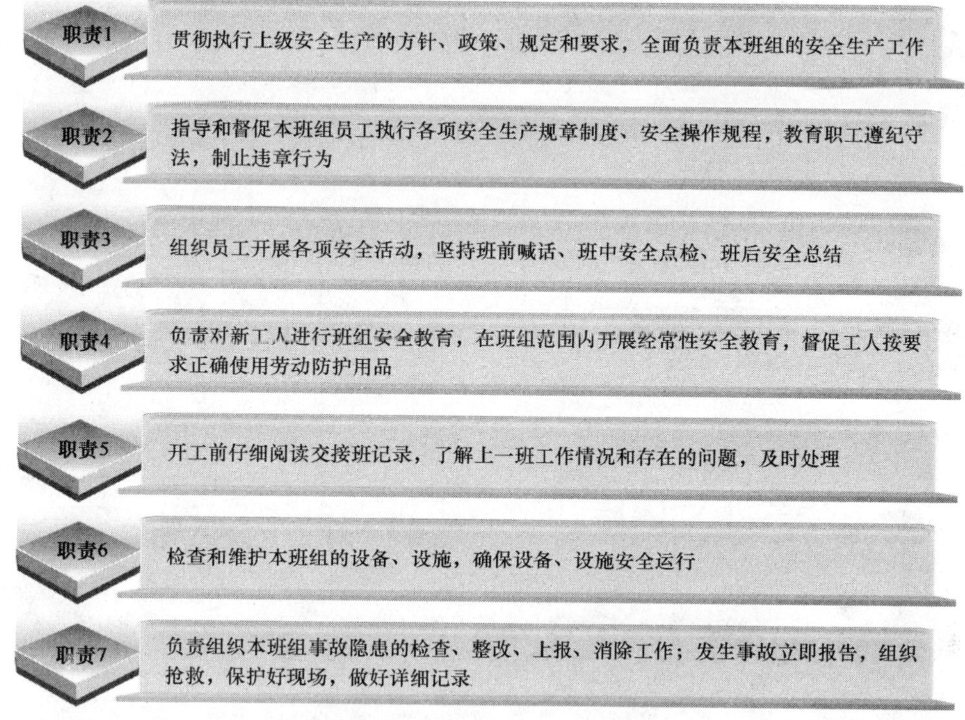

图 1—5　班组长的安全管理职责

1.4.2　安全员安全管理职责

安全员是生产第一线的安全监督者，是班组长安全工作上的参谋助手，也是生产的直接参加者。安全员的安全管理职责，如图 1—6 所示。

1.4.3　工人的安全职责

班组岗位工人作为企业生产一线的主要操作者，对其岗位的安全生产负直接责任。岗位工人的安全职责，如图 1—7 所示。

职责1 在安全生产方面以身作则，模范地遵守各项安全生产规章制度、安全操作规程，遵纪守法，不违章指挥，不违章操作

职责2 上岗按规定着装，按要求正确使用劳动防护用品，开工前仔细阅读交接班记录，了解上一班工作情况和存在的问题，及时处理

职责3 对本班组员工开展安全教育；指导和督促本班组员工执行各项安全生产规章制度、安全操作规程，教育员工遵纪守法，制止违章行为

职责4 组织本班组事故隐患的检查、整改、上报工作；检查和维护本班的设备、设施，确保设备、设施安全运行

图 1—6　安全员的安全管理职责

职责1 认真学习和严格遵守各项安全生产规章制度、安全操作规程，不违反劳动纪律，不违章作业，并劝阻他人不违章操作，对本岗位的安全生产负直接责任

职责2 正确、精心地操作设备，严格执行生产纪律，各项记录正确、清楚、可靠，交接班必须交接安全情况

职责3 开工前仔细阅读交接班记录，了解上一班工作情况和存在的问题，及时处理

职责4 班前、班后检查所用设备、工具，保证安全可靠，保持作业环境整洁，搞好文明生产

职责5 按时巡回检查，正确分析判断和处理事故隐患，把事故消灭在萌芽状态；如发生事故，应立即做好应急工作，及时、如实地向上级报告，并保护事故现场，做好详细记录，配合调查

职责6 上岗按规定着装，按要求正确使用劳动防护用品

职责7 积极参加各种安全活动，主动提出安全生产建议

职责8 有权拒绝违章作业的指令，对他人违章作业加以劝阻和制止

图 1—7　岗位工人的安全职责

第 2 章

优秀班组安全生产管理制度体系

2.1　建立班组安全生产责任制度体系

2.1.1　建立安全生产责任制

安全生产责任制是按照员工安全生产工作方针“安全第一，预防为主，综合治理”，将各级负责人员、各职能部门及其工作人员和各岗位生产工人在职业安全健康方面应做的事情和应负的责任加以明确规定的一种制度。

1. 建立安全生产责任制的要求

要建立起一个完善的生产经营单位安全生产责任制，需做到如图 2—1 所示的 5 项要求。

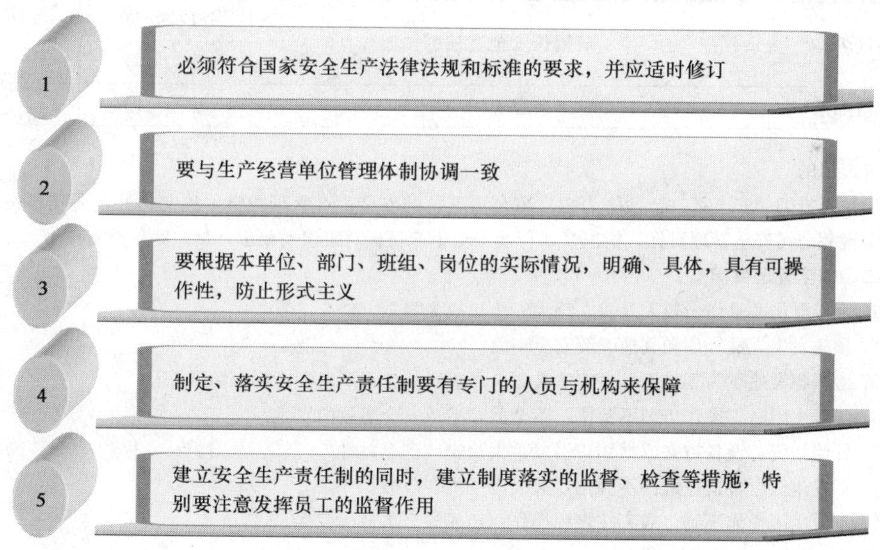

图 2—1　建立安全生产责任制的要求

2. 班组安全生产责任制的主要内容

班组安全生产责任制的主要内容包括班组长和岗位工人两部分，具体说明见表2—1。

表2—1　安全生产责任制的主要内容

主要内容	具体说明
班组长	◇ 班组长全面负责本班组的安全生产，是安全生产法律法规和规章制度的直接执行者 ◇ 贯彻执行本班组对安全生产的规定和要求，督促本班组的岗位工人遵守有关安全生产规章制度和安全操作规程，切实做到不违章指挥，不违章操作，遵守劳动纪律
岗位工人	◇ 岗位工人对本岗位的安全生产负直接责任 ◇ 岗位工人要接受安全生产教育和培训，遵守有关安全生产规章和安全操作规程，不违章操作，遵守劳动纪律 ◇ 特种作业人员必须接受专门的培训，经考试合格取得操作资格证书，方可上岗作业

2.1.2　落实安全生产责任制

根据实践的经验和安全工作的需要，签订“安全责任书”是落实安全生产责任制的有效方法。通过多种形式签约，使各班组岗位员工都明确各自的安全责任，人人知晓各自承担的安全风险，层层落实安全责任，避免事故发生。

以下以班组长的安全责任书为例详细说明。

制度名称	班组长安全责任书			受控状态	
				编　　号	
执行部门		监督部门		编修部门	

一、目的

为认真贯彻“安全第一，预防为主，综合治理”的安全生产管理方针，控制、杜绝各类事故的发生，实现我公司安全管理目标。根据××行业安全生产目标对班组的要求，制定此安全责任书。

二、安全管理目标

1. 全年群伤、重伤、较大及重、特大安全事故为零。
2. 预防发生人员轻伤和其他一般安全事故。
3. 力争各类违章为零，不发生违法乱纪、严重影响公司形象和投诉上访事件。
4. 不发生因员工操作培训不到位、不全面，造成安全事故的发生。
5. 杜绝物资、设备被盗或损坏，引发重大治安或刑事案件。
6. 不发生因设备运行维护不到位，造成设备损坏事故。
7. 不发生因操作不到位或不按规程操作，造成安全事故的发生。

三、班组长安全管理职责

1. 贯彻执行公司安全生产管理工作方针，领导班组进行安全作业。成立安全生产小组，并担任第一责任人，在班组内配备专职或兼职安全员。

续表

<table>
<tr><td rowspan="2">制度名称</td><td colspan="3" rowspan="2">班组长安全责任书</td><td>受控状态</td><td></td></tr>
<tr><td>编　号</td><td></td></tr>
<tr><td>执行部门</td><td></td><td>监督部门</td><td></td><td>编修部门</td><td></td></tr>
<tr><td colspan="6">2. 执行安全生产相关规章制度，不违章指挥，带头做好安全生产工作，并监督班组成员的作业情况，对违章作业人员要立即制止，并按规定给予其扣分、通报或罚款等处罚。
3. 做好安全工作记录，定期参加安全工作会议，并提出合理的安全改善建议。
4. 做到定期申请检验特种设备，不得安排班组成员使用未经定期检验或者检验不合格的特种设备。合理分配班组人员的工作，不准强令员工冒险进行作业。
5. 及时检查生产现场的安全防护措施，发现不安全因素及时向车间主任汇报并提出整改措施，及时制止进行没有可靠、安全措施保护的作业。
6. 组织班组内成员定期接受安全教育及指导，监督班组成员防护用具的使用及维护情况。加强特种设备的作业人员及相关管理人员的安全知识教育和培训，严格执行持证上岗制度，非持有专业证书的，不得从事特种作业或管理工作。
7. 发生工伤事故后，迅速组织抢救人员，保护现场，及时向领导汇报情况，积极协助上级领导进行重大安全事故的应急救援工作。
四、安全考核
1. 重视安全生产管理，历次公司季检安全考核评分合格，年底计算年终奖时进行____元现金奖励。
2. 对发生重伤以上事故而隐瞒不报的，或发生事故未按规定时间上报的，视情节严重加倍处罚。
3. 发生火灾、重大设备事故、重大环境事故，对公司造成不良社会影响的，处以____元罚款。
公司：（盖章）　　　　　　　　　　　　　　　　班组长签字：
____年__月__日　　　　　　　　　　　　　　　　____年__月__日</td></tr>
</table>

<table>
<tr><td rowspan="3">修订记录</td><td>修订标记</td><td>修订处数</td><td>修订日期</td><td>修订执行人</td><td>审批签字</td></tr>
<tr><td></td><td></td><td></td><td></td><td></td></tr>
<tr><td></td><td></td><td></td><td></td><td></td></tr>
</table>

2.2　构建班组安全生产管理制度体系

2.2.1　优秀班组安全管理制度关注点

企业优秀班组在构建安全生产管理制度体系时，首先需要明确本班组安全管理工作事项应关注的重点，即在安全管理制度中需要纠正的安全问题、需要规范的作业范围、需要理清的责任条款等。

1. 需要纠正的安全问题

企业班组在安全管理的过程中，需要纠正班组中的“三违”行为、整改班组生产过程中存在的安全隐患等。这些安全问题，均需要制度一一加以规范。

例如，针对班组作业人员的违章违纪行为，可制定“安全操作规程”“操作人员六大严格遵守”“防止违章动火六大禁令”“高处作业十不登高”等制度，以预防违章操作、不安全作业。

2. 需要规范的作业范围

企业班组管理人员需要针对企业生产范围和存在安全隐患的范围来制定安全生产管理制度，包括对整个生产过程的作业安全、设备操作安全、涉及特殊危险的作业安全进行规范。同时，员工劳动防护、职业安全健康、消防保卫、环境安全等因素均贯穿于企业生产作业的过程中，也需要用制度来规范。

例如，针对设备操作安全，企业班组应根据作业设备的不同，制定相应的设备操作基本使用方法，基本操作程序、要领和注意事项，这是预防设备安全事故和人身安全事故以及作业标准化、规范化的基本制度。同时，还需制定设备日常维护保养、润滑点检等专业操作制度，以保证设备的安全运行。

3. 需要理清的责任条款

企业班组安全管理，需要明确各层级管理人员、作业人员的责任，如安全管理责任、交接班人员的责任、安全管理的监督责任等。这些责任的理清和明确，需要制度这一载体得以实现。

例如，在交接班人员的责任人员方面，交班人员与接班员工需按交接班制度，对生产进度、设备运行、温度、压力、速度及要害部位的状况等进行交接。在制度中，应明确交接的内容主要包括（但不限于）下列内容，具体如图 2—2 所示。

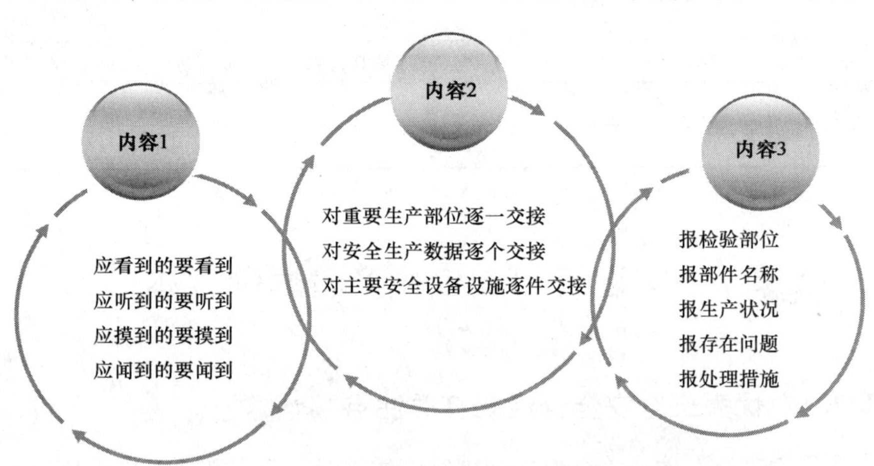

图 2—2　制度中应明确的交接内容

又如，企业管理人员在构建班组安全生产管理制度体系时，需要对班组长、安全员等监督责任的履行情况进行规范。在制度中，要明确安全生产检查活动的开展频率、检查内容等。其中，安全生产检查活动的检查内容见表 2—2。

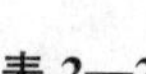

表2—2　　安全生产检查内容

检查内容	说　明
查思想	◇ 查对安全生产的认识是否正确，查安全生产的责任心是否强，查对忽视安全生产的思想和行为是否敢于斗争
查制度	◇ 检查安全生产制度的建立和健全情况，看是否有违章操作情况；查安全生产制度的执行情况，看是否有违章冒险作业现象
查纪律	◇ 检查劳动纪律的执行情况，看是否有擅离岗位的情况；查工作纪律的执行情况，看员工是否有做与生产无关的事
查领导	◇ 检查领导干部是否将安全生产摆在重要位置，对安全工作有贡献的人员是否得到应有的表扬和奖励，对忽视安全生产造成事故的责任者是否做出严肃处理
查隐患	◇ 检查是否做到了安全文明生产，设备是否按规定设置安全保护装置，环境和建筑是否有不安全隐患，电气设备是否有不安全隐患，消防设施是否安全有效
查整改	◇ 检查安全隐患的整改措施是否到位，整改效果是否达标，整改情况是否有记录

2.2.2　班组安全生产管理制度体系表

班组安全生产管理制度应贯穿班组的整个生产过程、企业安全管理的方方面面。班组安全生产管理制度体系的构建工作主要是依据班组安全管理职能事项，结合本企业班组安全生产过程中存在的诸多问题、存在的安全隐患等薄弱环节进行梳理，具体见表2—3。

表2—3　　班组安全生产管理制度体系构建示范表

职能事项	职能事项制度	制度名称
安全生产目标管理制度	安全生产目标确立制度	安全生产目标制定制度、安全生产目标评审制度等
	安全生产目标执行制度	安全生产组织管理制度、领导干部带班管理制度、安全生产投入保障制度、安全生产责任及其考核制度等
	安全生产目标考核制度	安全生产指标体系建立制度、安全生产目标考核评比制度、企业安全生产奖惩管理制度等
安全生产过程管理制度	突发事件应急管理制度	突发自然灾害应急管理制度、突发安全事故应急管理制度等
	5S安全活动管理制度	5S安全活动推进制度、5S安全活动检查制度、5S安全活动评比制度等
	生产作业安全管理制度	安全生产交接班制度、作业现场安全标志管理制度、作业过程安全巡检制度、安全隐患检查管理制度、特种设备安全管理制度等
	生产安全问题处理制度	生产安全问题改善制度、员工违章操作处罚制度、安全隐患整改管理制度等

续表

职能事项	职能事项制度	制度名称
班组危险作业管理制度	危险作业管理制度	动火作业安全管理制度、受限空间作业安全管理制度等
	危险作业操作禁令制度	带电作业安全管理制度、防高空坠物安全保护制度等
	危险物品管理制度	危险物品装卸运输管理制度、危险化学品存储保管安全作业制度等
作业环境安全保障制度	作业环境污染监控制度	粉尘污染监控制度、毒物环境监控制度、噪声环境监控制度、高温环境监控制度等
	污染环境作业保护制度	通风设备检测制度、防暑降温实施制度、劳保用品发放制度等
	员工职业健康管理制度	员工职业健康体检制度、员工职业病预防治理制度、特种作业津贴发放管理制度等
危险气体设施安全管理制度	压力容器安全管理制度	压力容器设施管理制度、压力容器设施检测制度等
	危险气体气瓶管理制度	危险气体气瓶管理办法、危险气体气瓶检测制度等
安全教育管理制度	三级安全教育管理制度	厂级安全教育实施制度、车间安全教育实施制度、班组安全教育实施制度、特殊工种安全教育制度等
	安全作业许可证制度	安全作业许可证管理制度、特种作业操作证管理制度等
	安全教育效果评估制度	安全生产教育考试制度、安全生产教育评估制度等
消防安全管理制度	重点防火部位管理制度	重点防火部位管理制度、防火部位火种管理制度、企业防火责任制管理办法等
	消防设施维护保养制度	消防设施维护保养制度、消防设施维护检查制度等
安全保卫管理制度	厂库房值守管理制度	厂房值守管理制度、库房值守管理制度等
	值班检查管理制度	门卫值班检查制度、值班检查巡逻制度、定期安全检查制度等
工伤事故管理制度	工伤事故现场管理制度	工伤事故紧急救护制度、工伤事故现场保护制度等
	工伤事故事后处置制度	工伤事故处罚制度、工伤事故调查汇报制度、工伤事故责任追究办法等

第 3 章

安全生产目标管理制度

3.1 安全生产目标确立制度

3.1.1 用漫画解说制度

3.1.2　安全生产目标制定制度

制度名称	安全生产目标制定制度			受控状态	
				编　　号	
执行部门		监督部门		编修部门	

第1章　总　　则

第1条　目的

为了贯彻"安全第一，预防为主，综合治理"的安全生产方针，落实安全生产责任制度，使公司走持续、健康、稳步、发展的道路，特制定本制度。

第2条　适用范围

本制度适用于公司各项安全生产目标的制定及相应的管理工作。

第3条　管理职责

1. 公司主管副总负责对安全生产目标进行审核，全面负责公司各项生产安全管理。

2. 安全部负责制定安全目标，并监督、检查各目标的完成情况。

3. 生产部、设备部、仓储部等相关部门分别参照各安全目标开展安全管理工作，并配合安全部关于安全作业与劳动防护等相关事项的检查工作。

第2章　安全目标的制定依据和原则

第4条　制定依据

安全部人员应根据以下内容制定安全目标：

1. 安全目标需针对生产所需解决的问题制定，如杜绝不安全的作业行为、消除安全隐患、预防事故。

2. 安全目标的制定应符合企业自身生产发展规律，坚持以人为本、突出重点、具体量化。

第5条　制定原则

在制定安全生产目标时，安全部人员应遵循以下原则：

1. 合理性原则。在制定各部门安全生产目标时，安全部应根据生产实际状况制定安全生产目标，从而确保制定的安全生产目标适用于公司的实际情况。

2. 定量性原则。在制定各部门安全生产目标时，安全部应对安全生产目标进行量化，用具体的数字体现目标，同时不得为了规避风险而人为降低安全指标。

3. 科学预测原则。在制定安全生产目标时，安全部必须掌握详细的安全管理系统内部和外部信息，配以科学预测手段，对未来趋势进行预测。

4. 全员参与原则。在制定安全生产目标时，安全部应广泛发动各部门职工共同参与，汇总、接纳员工的要求与意见，确保安全生产目标的贯彻执行。

第3章　安全生产目标制定过程管理

第6条　安全生产目标的主要内容

安全生产目标需包括但不限于以下8项内容，具体如图3—1所示。

1．部门经理任职安全目标	2．安全管理水平提高目标	3．现代化科学管理方法在安全生产管理方面的应用目标
4．安全教育达成程度目标	安全生产目标的主要内容	5．伤亡事故控制目标
6．事故隐患整改完成率目标	7．作业环境达标率提高目标	8．公司安全性评价目标等

图3—1　安全生产目标包含的主要内容

续表

<table>
<tr><td>制度名称</td><td colspan="3" rowspan="2">安全生产目标制定制度</td><td>受控状态</td><td></td></tr>
<tr><td></td><td>编　　号</td><td></td></tr>
<tr><td>执行部门</td><td></td><td>监督部门</td><td></td><td>编修部门</td><td></td></tr>
</table>

第7条　安全生产目标制定的要求

1. 在制定安全生产目标时，安全部应重点突出重大事故、负伤频率、作业环境标准合格率等方面指标，同时注意次要目标对重点目标的有效配合。

2. 安全部制定的各部门安全目标需具有适用性，不能过高也不能过低。同时，安全生产目标需具有一定的挑战性，即略高于各部门的实际能力，各部门需通过努力方可达成。

第8条　安全生产目标制定的步骤

1. 收集安全管理系统内外有关信息，提出公司所面临的困难和问题。

2. 根据所需解决的问题和已经收集的系统内外信息，制定两个或两个以上安全目标作为候选方案。

3. 通过对安全生产目标实现的可行性进行研究，在候选方案中选取一个作为安全目标。

4. 在确定安全生产目标后，交生产部、设备部、仓储部等相关部门员工进行讨论，并收集意见，以便安全目标得到进一步完善。

5. 安全部需根据各相关部门的意见完善安全目标，并报公司主管副总审批，经公司主管副总审批通过后，下发至各部门。

第9条　安全生产目标的修正

1. 各部门需根据公司总体安全生产目标制定本部门的安全生产目标，进行任务分解，并对各自目标进行确认与修正。

2. 在维护总目标基本内容不变的前提下，安全部应尽量尊重各部门执行者的意见，既要保证目标的上下统一，又要充分调动各部门的安全工作积极性。

第4章　安全生产目标的实施评估与调整管理

第10条　安全生产目标的实施

1. 安全部应充分发挥职权，保证对各职能部门实施安全生产目标监督检查。

2. 各相关部门应充分发挥主观能动性，自觉配合与协调安全管理部门进行检查，同时，需为部门每位员工制定责任目标，层层落实，以共同保证安全生产目标的实施。

第11条　安全生产目标的评估

1. 安全部需对整体安全生产目标的实现情况进行整体评估，然后各部门执行者根据各自执行情况对安全生产目标进行评估。

2. 安全生产目标评估的主要内容包括目标的完成情况、复杂难易程度及执行主体完成目标的主观努力程度。

第12条　安全生产目标的调整管理

发生以下两种情况时，公司的安全生产目标需重新作出调整：

1. 外部环境发生重大变化时，包括各种适用标准的变化、政府政策调整对公司的业务产生重大影响等情况。

2. 内部情况发生重大变化时，包括安全生产方针、组织机构、资源配置发生重大变更等情况。

续表

<table>
<tr><td rowspan="2">制度名称</td><td colspan="3" rowspan="2">安全生产目标制定制度</td><td>受控状态</td><td></td></tr>
<tr><td>编　　号</td><td></td></tr>
<tr><td>执行部门</td><td></td><td>监督部门</td><td></td><td>编修部门</td><td></td></tr>
<tr><td colspan="6">第5章　附　　则
第13条　各现场生产负责人可根据实际情况，制定安全生产目标的补充规定，并报安全部备案。
第14条　本制度由安全部制定，经总经理审批后通过。
第15条　本制度报总经理办公会审议通过后，自颁发公布之日起执行。</td></tr>
<tr><td rowspan="3">修订记录</td><td>修订标记</td><td>修订处数</td><td>修订日期</td><td>修订执行人</td><td>审批签字</td></tr>
<tr><td></td><td></td><td></td><td></td><td></td></tr>
<tr><td></td><td></td><td></td><td></td><td></td></tr>
</table>

3.1.3　安全生产目标评审制度

<table>
<tr><td rowspan="2">制度名称</td><td colspan="3" rowspan="2">安全生产目标评审制度</td><td>受控状态</td><td></td></tr>
<tr><td>编　　号</td><td></td></tr>
<tr><td>执行部门</td><td></td><td>监督部门</td><td></td><td>编修部门</td><td></td></tr>
<tr><td colspan="6">第1章　总　　则
第1条　目的
为了规范对安全生产目标的评审管理，进一步促进和提高公司安全管理水平，特制定本制度。
第2条　适用范围
本制度适用于对公司安全生产目标的评审管理工作。
第2章　安全生产目标评审管理职责
第3条　安全生产目标评审小组
1. 公司应成立安全生产目标评审小组，对安全生产目标进行评审与考核。
2. 评审小组组长为公司主管副总，小组成员为安全部、生产部、设备部、仓储部等相关部门经理或主管及各部门一线员工____人。
第4条　评审小组的工作职能
1. 负责对各部门的安全目标进行评审。
2. 对安全生产目标未尽事项进行补充。
3. 提出对安全管理工作新的目标或建议。
第3章　安全生产目标评审过程
第5条　确定评审原则
评审小组在对安全生产目标进行评审时，应遵循以下三大原则：公平合理原则，公平公正原则，多方参与原则。
第6条　制定安全生产目标评审计划
1. 评审小组需收集整理下列安全生产目标管理材料，作为安全生产目标评审计划编写依据：
（1）往年事故统计资料。
（2）往年安全生产目标、安全指标完成情况。</td></tr>
</table>

续表

<table>
<tr><td>制度名称</td><td colspan="3" rowspan="2">安全生产目标评审制度</td><td>受控状态</td><td></td></tr>
<tr><td></td><td>编　　号</td><td></td></tr>
<tr><td>执行部门</td><td></td><td>监督部门</td><td></td><td>编修部门</td><td></td></tr>
<tr><td colspan="6">

（3）以往安全评审的跟踪措施、改进建议。
（4）预防措施和纠正措施完成情况。
（5）环境条件的变化。
（6）日常考核结果等。
2. 评审小组需根据安全生产目标管理资料，编制安全生产目标评审计划，计划内容包括评审时间、评审地点、评审材料准备、评审重点内容及建议、参与部门等。
3. 评审小组完成计划编制工作后，需将计划草案报总经理审批，并将审批通过后形成的文件于评审日期前一周下发至相关部门。
第7条　召开评审会
安全生产目标评审工作是在总经理的主持下进行，小组成员需对各部门所有安全生产目标进行评审，主要评审内容包括安全生产目标的制定是否合理、是否可行、是否需要改进，目标是否具有挑战性，既定目标的复杂难易程度，安全生产目标项目是否有遗漏等。
第8条　形成决议
安全生产目标评审通过研究讨论，最终形成决议。决议包含以下内容：
1. 安全生产目标有效性审核结果。
2. 完成安全生产目标所必需的资源配置。
3. 安全生产目标完成的风险费用及改进建议。
第9条　编写评审报告
评审结束后，评审小组编写“安全生产目标评审报告”，经公司总经理审核后下发至各相关部门。评审报告应包含以下内容：
1. 安全生产目标评审的时间、地点、主持人及参加人员。
2. 评审的主要内容。
3. 评审形成的决议、改进内容及实施安排等。
4. 改进措施的实施要求、具体实施部门及跟踪验证。
第10条　评审记录保存
安全生产目标评审的所有记录由安全部保存。
第11条　安全生产目标评审的追加
安全评审公司原则上每年进行一次，若出现下列情况，安全部可考虑随时追加：
1. 安全生产目标发生变更时。
2. 公司出现重大组织结构变化时。
3. 公司出现重大或持续发生安全事故、职业健康事故时。
第4章　附　　则
第12条　本制度由安全部制定，经总经理审批后通过。
第13条　本制度自审批通过之日起执行。

</td></tr>
</table>

<table>
<tr><td rowspan="3">修订记录</td><td>修订标记</td><td>修订处数</td><td>修订日期</td><td>修订执行人</td><td>审批签字</td></tr>
<tr><td></td><td></td><td></td><td></td><td></td></tr>
<tr><td></td><td></td><td></td><td></td><td></td></tr>
</table>

3.2 安全生产目标执行制度

3.2.1 用漫画解说制度

3.2.2 领导干部带班管理制度

<table>
<tr><td rowspan="2">制度名称</td><td rowspan="2" colspan="3">领导干部带班管理制度</td><td>受控状态</td><td></td></tr>
<tr><td>编　　号</td><td></td></tr>
<tr><td>执行部门</td><td></td><td>监督部门</td><td></td><td>编修部门</td><td></td></tr>
<tr><td colspan="6">第1章　总　　则
第1条　为贯彻落实上级领导提出的“要严格企业安全管理，企业领导要轮流现场值班”的要求，进一步加强对生产现场的安全管理，保障安全生产，经公司研究决定，特针对领导干部现场带班等相关事项制定本制度。</td></tr>
</table>

续表

制度名称	领导干部带班管理制度			受控状态	
				编　　号	
执行部门		监督部门		编修部门	

第2条　公司领导干部现场带班制是由负责带班的领导，对本时段（8时～16时、16时～24时、次日0时～8时）内、在本单位中规定的办公地点进行值守，对本单位全过程所有作业活动进行现场巡查与监督管理的机制。

第3条　现场带班人员范围与安排表见表3—1。

表3—1　　现场带班人员安排表（____年____月）

带班时间（时）	带班时段	带班领导	手机号码/办公室电话号码	相关人员	相关说明
1、11、21	8时～16时				
	16时～24时				
	次日0时～8时				
2、12、22	8时～16时				
	16时～24时				
	次日0时～8时				
3、13、23	8时～16时				
	16时～24时				
	次日0时～8时				
……					

第2章　领导干部带班制的实施规定

第4条　公司综合办公室负责每月28日编制完成下月的“现场带班人员安排表（标注带班领导手机号码和办公室电话号码），经总经理批准后执行，并报送公司安全技术部、生产部、人力资源部备案。

第5条　带班表必须明确规定每个工作时段的带班领导，不得出现人员遗漏和空缺。

第6条　公司综合办公室建立并保管领导现场带班记录，由带班人员填写在带班过程中发现并处置的有关事项。

第7条　领导带班必须按规定时间上班、下班，不得迟到、早退或中途离岗。

第8条　每日值班领导必须与下工作日值班领导进行工作交接，并做好记录，签字确认。

第9条　严禁领导带班空岗。确有特殊原因无法当班时，必须向总经理请假，并由公司综合办公室安排其他领导值班，同时向安全技术部、生产部和人力资源部通报变动信息。

第10条　当班领导必须严格履行工作职责，认真做好当班中的各项安全生产工作。

第3章　现场带班工作内容

第11条　现场带班人员要把保证安全生产作为第一位的责任，切实掌握当班的安全生产状况，认真落实走动管理相关规定，加强对重点部位、关键环节的检查巡视。

续表

<table>
<tr><td rowspan="2">制度名称</td><td colspan="3" rowspan="2">领导干部带班管理制度</td><td>受控状态</td><td></td></tr>
<tr><td>编　　号</td><td></td></tr>
<tr><td>执行部门</td><td></td><td>监督部门</td><td></td><td>编修部门</td><td></td></tr>
</table>

第 12 条　排查隐患并要求相关单位立即落实整改，现场无法整改的隐患问题，必须下达整改通知单；协助相关单位制定预防和整改措施，限期整改并按期复查验收；发现较大隐患立即停止作业并报告，安全技术部、生产部调度室应立即研究处理。

第 13 条　严格落实制止“三违”相关规定，及时制止违章违纪行为，在现场发现违章问题，立即纠错并按规定给予处罚。现场带班人员严禁违章指挥。

第 14 条　解决生产中的突发问题；现场无法解决处理的，立即报安全技术部、生产部调度室。严禁超能力组织生产。

第 15 条　对所辖单位的领导干部走动管理执行情况进行监督考核，相关单位落实不到位的，按规定进行处罚。

第 16 条　监督检查各项安全生产规章制度的执行和落实情况；严查“跑冒滴漏”现象，并按规定进行处罚。

第 17 条　现场发生危及员工生命安全的重大隐患和严重问题时，现场带班人员要立即组织采取停产、撤人、排除隐患等紧急处置措施，并及时向分公司主要领导、安全技术部、生产部调度室报告。

第 18 条　检查、纠正作业现场出现的“物”的不安全状态、人的不安全行为、管理缺陷及作业环境不良的状况。

第 19 条　针对本班次的安全生产情况进行合理的安排布置。

第 4 章　现场带班的其他相关要求

第 20 条　现场带班人员要高度重视，认真履行带班职责，严格执行“现场带班人员安排表（表 3—1）”规定，深入现场、靠前指挥，切实把安全生产工作的各项任务落到实处。

第 21 条　现场带班人员必须严格执行劳动防护用品的穿戴规定，不准着便装进入生产现场。

第 22 条　现场带班人员要认真记录安全生产的检查问题，并由生产现场负责人签字，于每日下午下班前交安全技术部汇总通报。

第 23 条　现场带班人员在巡查中所发现的违章行为，一并给予生产车间和责任领导进行处罚，并对违章操作人员进行帮教。

第 24 条　各车间在执行原走动管理制度的基础上，进一步严格执行领导干部带班制度，把主要精力用在安全生产上，切实深入一线真抓实干，为员工创造良好的安全生产环境。

第 25 条　正常情况下，领导干部现场带班时间不应超过 8 小时。带班结束后应给予相同工时的换休。

第 5 章　对现场带班领导的考核

第 26 条　现场带班人员未按规定执行、出现以下事项的，每次扣罚责任人____元：

1. 迟到、早退或中途离岗的。
2. 无故不带班或因故无法带班但未请假，导致空班的。
3. 未进行领导带班工作交接的。
4. 不填写相应记录的。

第 27 条　现场带班人员请假后，生产部调度室未及时安排人员造成空岗的，每次扣罚调度室负责人____元。

续表

<table>
<tr><td>制度名称</td><td colspan="3">领导干部带班管理制度</td><td>受控状态</td><td></td></tr>
<tr><td></td><td colspan="3"></td><td>编　　号</td><td></td></tr>
<tr><td>执行部门</td><td></td><td>监督部门</td><td></td><td>编修部门</td><td></td></tr>
<tr><td colspan="6">第28条　带班期间出现安全事故的，一并给予严肃处理和处罚。
第29条　对限期整改的隐患问题未及时复查验收的，每次扣罚责任人____元；因防控措施或整改措施制定不合理造成后果的，视情节给予责任人不低于____元的处罚。
第30条　安全技术部负责对带班执行情况进行监督考核。
第6章　附　　则
第31条　本制度由公司综合办公室会同安全技术部联合制定，其解释权归公司综合办公室所有。
第32条　本制度报经总经理审批后，自颁发公示之日起生效实施。</td></tr>
</table>

<table>
<tr><td rowspan="3">修订记录</td><td>修订标记</td><td>修订处数</td><td>修订日期</td><td>修订执行人</td><td>审批签字</td></tr>
<tr><td></td><td></td><td></td><td></td><td></td></tr>
<tr><td></td><td></td><td></td><td></td><td></td></tr>
</table>

3.2.3　安全生产投入保障制度

<table>
<tr><td>制度名称</td><td colspan="3">安全生产投入保障制度</td><td>受控状态</td><td></td></tr>
<tr><td></td><td colspan="3"></td><td>编　　号</td><td></td></tr>
<tr><td>执行部门</td><td></td><td>监督部门</td><td></td><td>编修部门</td><td></td></tr>
<tr><td colspan="6">第1条　目的
根据《中华人民共和国安全生产法》相关要求，为保证本公司安全生产条件所必需的资金投入，特制定本制度。
第2条　适用范围
本制度适用于本公司各项安全费用的提取以及使用管理。
第3条　职责与分工
1. 安全生产委员会：负责制定年度安全费用提取计划和使用计划，并对其使用进行监督检查。
2. 财务部：负责安全费用的提取、支出。
3. 安全环保部：负责安全费用的审批、使用管理。
第4条　安全费用不足或不到位的责任承担
公司总经理、财务部经理应当对由于安全生产所必需的资金投入不足导致的后果承担责任。
第5条　安全费用的使用范围
1. 安全培训教育所需资金投入。
2. 为从业人员配备符合国家标准或者行业标准的个体防护用品及保健品的经费。
3. 安全设施，安全连锁、报警装置，安全通信设施，防触电、防雷设施，防噪声、防尘设施等费用。
4. 职业卫生改进、检测费用，员工休息、洗浴设施费用。
5. 应急设备投入和人员组织费用及应急演练费用。</td></tr>
</table>

续表

<table>
<tr><td rowspan="2">制度名称</td><td colspan="3" rowspan="2">安全生产投入保障制度</td><td>受控状态</td><td></td></tr>
<tr><td>编　　号</td><td></td></tr>
<tr><td>执行部门</td><td></td><td>监督部门</td><td></td><td>编修部门</td><td></td></tr>
</table>

6. 事故隐患整改费用。

7. 安全生产技术研究和推广费用。

8. 其他为提高安全状况所需费用。

第 6 条　安全生产资金的提取

1. 公司安全生产委员会每年 1 月份编制本年度安全生产费用提取和使用计划，提取比例按规定的标准执行，公司总经理签字批准。

2. 公司财务部门按规定比例提取安全生产费用，建立台账，专款专用。

第 7 条　安全生产资金的使用

1. 使用安全生产专款的部门填写“安全费用审批表”，经相关部门批准后，提取使用。

2. 使用安全生产费用项目完成后应进行总结，并将费用使用情况逐一填写清单报相关部门存档。

3. 安全生产费用项目的使用主要部分应将发票（复印件）与安全费用汇总表一并存档。

第 8 条　安全生产费用的管理

1. 安全生产费用由安全环保部按年度计划审批，年末编制汇总。

2. 安全生产委员会对安全费用的提取与使用实施监督检查。

3. 如较大的安全项目或安全专户资金不足时，由公司安全生产委员会研究，临时追加安全账户资金，保证安全生产所需费用。

第 9 条　本制度由公司财务部负责制定与解释，自颁发之日起生效实施。

<table>
<tr><td rowspan="3">修订记录</td><td>修订标记</td><td>修订处数</td><td>修订日期</td><td>修订执行人</td><td>审批签字</td></tr>
<tr><td></td><td></td><td></td><td></td><td></td></tr>
<tr><td></td><td></td><td></td><td></td><td></td></tr>
</table>

3.2.4　安全生产责任及其考核制度

<table>
<tr><td rowspan="2">制度名称</td><td colspan="3" rowspan="2">安全生产责任及其考核制度</td><td>受控状态</td><td></td></tr>
<tr><td>编　　号</td><td></td></tr>
<tr><td>执行部门</td><td></td><td>监督部门</td><td></td><td>编修部门</td><td></td></tr>
</table>

第 1 章　总　　则

第 1 条　目的

为了规范公司安全生产管理工作，落实安全生产责任制，确保安全生产，特制定本制度。

第 2 条　适用范围

本制度适用于本公司各级安全管理人员和职能部门。

第 2 章　公司高层领导的安全责任

第 3 条　公司总经理的安全责任

1. 总经理是公司安全生产工作的第一负责人，应对全公司的安全生产工作和劳动保护工作负责，须认真贯彻落实“安全第一，预防为主，综合治理”的安全生产方针。

续表

<table>
<tr><td rowspan="2">制度名称</td><td colspan="3" rowspan="2">安全生产责任及其考核制度</td><td>受控状态</td><td></td></tr>
<tr><td>编　　号</td><td></td></tr>
<tr><td>执行部门</td><td></td><td>监督部门</td><td></td><td>编修部门</td><td></td></tr>
</table>

2. 总经理认真贯彻执行国家和政府部门所定的劳动保护条例、安全生产的政策法令及各项规章制度。

3. 总经理负责制定公司安全生产工作规则和安全生产条例，拟定奖惩办法，建立和完善安全生产管理制度和安全生产技术措施，组织实施安全生产各项工作，检查督促本公司的各级安全生产工作。

第4条　公司副总经理的安全责任

1. 副总经理应认真贯彻国家、政府的劳动保护条例和法令，执行相关安全审查制度，贯彻落实各项安全生产规程的要求。

2. 副总经理须定期组织安全生产检查，督促整改安全生产工作中的不足之处。

3. 副总经理负责对员工进行安全生产教育培训，领导和督促各职能部门及全体员工做好安全生产工作。

第5条　公司总工程师的安全责任

1. 公司总工程师须定期组织技术人员编制安全生产组织设计方案、操作规范及各项技术措施。

2. 总工程师负责制定重大生产安全隐患的技术处置方案。

3. 总工程师须负责督促检查安全生产技术措施和操作规程的落实执行情况。

第6条　公司总经济师的安全责任

1. 公司总经济师需加强安全生产经费的经济核算，统筹安排安全生产经费的筹集和使用，并按照公司相关规定，编制安全生产经费使用方案。

2. 公司总经济师需制定安全生产工作的经济可行性条例与实施方案，以达到经济杠杆作用，使安全生产经费得到合理利用，从而带来更多的安全生产效益。

3. 公司总经济师需根据公司实际情况及相关规定制定安全生产的各项经济政策和奖罚条例。

第7条　公司总会计师的安全责任

1. 公司总会计师应根据公司的相关章程，统筹落实安全生产材料、设备、技术经费。

2. 公司总会计师须按财务制度将审定的经费列入年度预算，并根据公司实际情况进行统一的资金调度。

3. 公司总会计师应设立专项资金科目，随时调查、监督安全经费的使用情况，杜绝各类占用经费现象的发生。

4. 公司总会计师需按照公司的相关规定，进行年终安全经费使用情况的审计和总结工作，并及时向总经理汇报安全经费使用情况，以利于领导作出正确决策。

第3章　各职能部门安全生产责任

第8条　生产部门安全生产责任（见表3—2）

表3—2　　生产部门各级人员安全生产责任一览表

岗位名称	具体的安全责任
生产部经理	1. 贯彻执行“安全第一，预防为主，综合治理”的安全生产方针和相关法律法规及公司安全生产规章制度 2. 贯彻落实安全生产操作规程，并负责安全生产的管理与监督，做好生产过程安全控制工作 3. 定期组织对生产人员进行上岗培训及安全教育，并不定期对生产员工进行监督考核和继续教育

续表

制度名称	安全生产责任及其考核制度			受控状态	
				编　　号	
执行部门		监督部门		编修部门	

岗位名称	具体的安全责任
生产技术管理人员	1. 负责对生产过程中的安全生产技术及生产工序进行检查 2. 负责对不符合安全要求的技术或工序及时提出完善意见
车间主任	1. 认真贯彻执行各项安全生产法规、制度和标准 2. 负责拟定、修订车间安全技术规程和安全生产管理制度，编制车间安全技术措施计划和方案，经批准后，组织实施 3. 定期或不定期地对生产车间进行安全检查，确保生产设备、安全装置、防护设施处于完好状态
班组长	1. 贯彻执行生产车间有关安全生产的规章制度，负责定期组织班组员工参加安全教育培训，并对新上岗人员进行安全技术考核 2. 搞好本班组安全生产工作，检查岗位工艺指标及各项安全制度执行情况 3. 做好设备和安全设施的巡回检查及维护保养工作，保证其齐全完好
车间安全员	1. 认真贯彻有关安全生产的法规、制度和标准，并检查执行情况，参与拟定、修订车间安全技术规程和有关安全生产管理制度，并监督检查执行情况 2. 负责协助车间主任编制安全活动计划，并检查安全活动计划的执行情况 3. 负责车间安全装置、防护器具、消防器材的管理工作 4. 负责伤亡事故的统计上报工作，并参与事故的调查与分析

第 9 条　研发部门的安全生产责任

1. 研发部经理需严格按照国家安全技术规定、规程及标准，组织建立健全研发部门的各项规章制度，做好各项发展战略和年度工作计划，保证研发部门工作正常进行。

2. 研发部经理负责研发管理体系的建立、完善和运作，合理配备和选拔员工，组织员工进行技术研发培训，提升部门人员技术水平和研发能力。

3. 研发部应与其他部门进行协调、统筹，保证研发项目顺利实施，研发项目遇到问题不能自行解决的，报上级主管领导处理。

第 10 条　仓储部门的安全生产责任

1. 仓储部经理主要负责仓库日常安全工作与仓储工作人员的管理，并及时负责评估仓储部工作人员的安全管理工作。

2. 仓储管理人员负责仓库物资的保管、保养，做好仓库的卫生安全、防火安全、防毒安全等工作，确保仓库与物资的安全。

第 11 条　财务部门的安全生产责任

1. 财务部门需根据生产的实际需要，制定安全生产所需设施、机具、物料等的经费预算。

2. 财务部门应将审定的安全生产经费，列人年度预算，并督促、检查安全经费的使用情况。

3. 财务部门负责安全生产奖罚款项的收付工作，保证奖罚兑现。

第 4 章　安全生产责任的考核

第 12 条　安全生产责任的考核规划

1. 公司安全生产委员会负责对各部门、各级人员安全职责履行情况进行考核。

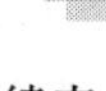

续表

<table>
<tr><td>制度名称</td><td colspan="3">安全生产责任及其考核制度</td><td>受控状态</td><td></td></tr>
<tr><td></td><td colspan="3"></td><td>编　　号</td><td></td></tr>
<tr><td>执行部门</td><td></td><td>监督部门</td><td></td><td>编修部门</td><td></td></tr>
<tr><td colspan="6">2. 安全责任考核按月度进行，年终进行总结，由安全环保部汇总，分管安全的副总提出奖惩意见，安全生产委员会审核，总经理批准后实施。
3. 公司的安全生产实行以高管负责制为中心的各级、各部门的安全生产责任制，层层签订“安全生产目标责任书”。安全责任应明确内容、时间和考核标准的奖惩办法。
第13条　对各级被考核人员的考核实施
1. 公司各级领导、全体员工与各职能部门，均须对各自工作范围内的安全项目负责。
2. 车间或部门因管理不到位或违章指挥、违章操作、违反劳动纪律等原因发生直接经济损失达10 000元以上的火灾、爆炸或重大伤亡事故，除按“安全生产奖惩制度”进行处罚外，再扣除车间负责人及事故责任人当月安全补助金，并取消车间及车间负责人和事故责任人当年评优资格。
3. 年度内车间或部门发生轻伤事故、火情、一般设备事故（责任事故），除按“安全生产奖惩制度”处罚外，再扣除车间负责人及事故责任人当月安全补助金。
4. 年终部门和全体员工进行年度安全总结，结合“安全生产责任目标书”进行年度考核，按“安全生产奖惩制度”和“公司绩效考核管理制度”执行、兑现。
第5章　附　则
第14条　本制度由安全管理部制定、解释与修改，报总经理核准。
第15条　本制度自颁发公布之日起执行。</td></tr>
</table>

<table>
<tr><td rowspan="3">修订记录</td><td>修订标记</td><td>修订处数</td><td>修订日期</td><td>修订执行人</td><td>审批签字</td></tr>
<tr><td></td><td></td><td></td><td></td><td></td></tr>
<tr><td></td><td></td><td></td><td></td><td></td></tr>
</table>

3.3　安全生产目标考核制度

3.3.1　用漫画解说制度

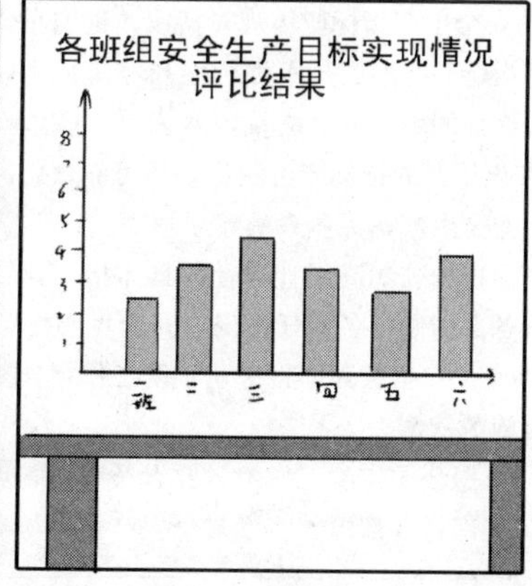

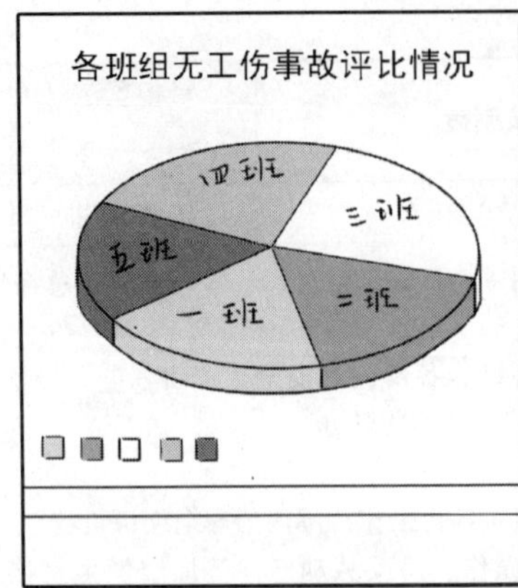

3.3.2 安全生产指标体系建立制度

制度名称	安全生产指标体系建立制度			受控状态	
				编　　号	
执行部门		监督部门		编修部门	

第1条　目的

为贯彻落实“安全第一，预防为主，综合治理”的安全生产方针，明确各部门的安全生产任务，督促每位员工切实履行好自身的安全生产责任，现针对安全生产指标体系建立事项，特制定本制度。

第2条　适用范围

本制度适用于公司各个部门安全生产指标的设立与安全生产指标体系的建立工作。

第3条　管理职责分工

1. 公司高层管理者负责制定公司的安全生产指标，由最高管理者主持、公司各个部门领导参加的工作会议批准安全生产指标。

2. 安全管理部门按公司高层管理者的具体要求负责组织各部门进行安全生产指标与实施措施的制定，及安全生产指标完成情况的检查和考核。

第4条　安全生产指标体系的建立要求

1. 确定的安全生产指标应与公司的安全生产工作方针保持一致。

2. 确定的安全生产指标应体现对持续改进的承诺，考虑符合法规及其他要求，考虑所确定的重大危险源，考虑运行和控制的技术可行性和经济成本，重点是持续改进员工安全意识，改善生产安全防护措施，取得最佳的生产安全绩效。

3. 满足安全特性的指标应可测量，尽可能量化。

第5条　安全生产指标体系的建立程序

安全管理部根据公司高层管理者的具体指示，结合国家安全生产总方针和公司年度生产工作报告的内容，组织各部门制定各责任部门的安全生产指标，在此基础上形成全公司的安全生产指标体系。

1. 每年年底，安全管理部将公司年度工作报告要点发放到各有关部门，作为部门制定安全生产子指标与实施措施的依据。

2. 各部门依据公司年度工作报告要点及部门职责，编制部门年度安全生产子指标与实施措施。

3. 安全管理部将各部门的年度安全生产指标与实施措施汇总。

续表

<table>
<tr><td rowspan="2">制度名称</td><td colspan="3" rowspan="2">安全生产指标体系建立制度</td><td>受控状态</td><td></td></tr>
<tr><td>编　　号</td><td></td></tr>
<tr><td>执行部门</td><td></td><td>监督部门</td><td></td><td>编修部门</td><td></td></tr>
</table>

4. 各部门的年度安全生产指标与实施措施经公司高层管理者代表审核、签署批准后，由安全管理部发放给各部门。

5. 安全管理部负责汇总各部门的安全生产指标的内容，形成公司安全生产指标体系文件。

第6条　安全生产指标体系的具体内容

安全生产指标体系主要是由安全科技发展指标、安全管理发展指标、安全文化发展指标构建而成，见表3—3。

表3—3　　安全生产指标体系的构成表

指标类别	指标名称
安全科技发展指标	安全科技项目鉴定数、安全预评价通过率、“三同时”审核率、重大隐患整改率、安全投入增长率
安全管理发展指标	OHSMS认证通过、重大危险源检查率、重大事故结案率、事故漏报率
安全文化发展指标	负责人安全培训率、员工安全培训率、特种作业人员复训率、安全监管人员配备率、安全专职人员配备率、注册安全工程师的数量

第7条　本制度由安全管理部制定、修改和解释。

第8条　本制度经总经理核准后颁布执行。

<table>
<tr><td rowspan="3">修订记录</td><td>修订标记</td><td>修订处数</td><td>修订日期</td><td>修订执行人</td><td>审批签字</td></tr>
<tr><td></td><td></td><td></td><td></td><td></td></tr>
<tr><td></td><td></td><td></td><td></td><td></td></tr>
</table>

3.3.3　安全生产目标考核评比制度

<table>
<tr><td rowspan="2">制度名称</td><td colspan="3" rowspan="2">安全生产目标考核评比制度</td><td>受控状态</td><td></td></tr>
<tr><td>编　　号</td><td></td></tr>
<tr><td>执行部门</td><td></td><td>监督部门</td><td></td><td>编修部门</td><td></td></tr>
</table>

第1条　目的

为进一步加强公司安全生产工作的管理，规范对安全生产目标的考核评比工作，确保公司安全生产工作目标的实现，特制定本制度。

第2条　适用范围

本制度适用于公司各部门、公司内所有人员。

第3条　相关定义

1. “四不放过”是指在安全事故发生时，事故原因未查清不放过；责任人员未受到处理不放过；事

续表

<table>
<tr><td rowspan="2">制度名称</td><td colspan="3" rowspan="2">安全生产目标考核评比制度</td><td>受控状态</td><td></td></tr>
<tr><td>编　号</td><td></td></tr>
<tr><td>执行部门</td><td></td><td>监督部门</td><td></td><td>编修部门</td><td></td></tr>
<tr><td colspan="6">故责任人和周围群众没有受到教育不放过；事故指定的切实可行的整改措施未落实不放过。
2.“五同时”是指企业的生产组织领导者必须在计划、布置、检查、总结、评比生产工作的同时进行计划、布置、检查、总结、评比安全工作。
第 4 条　管理职责分工
公司推行安全生产责任目标管理，对安全生产目标的考核实行分级管理、分级考核、分级评比。
1. 对车间（部门）的考评由安全管理部负责实施。
2. 对班组的考评由车间负责实施，安全管理部进行监督。
3. 对岗位职工的考评由班组负责实施，车间进行监督。
第 5 条　对安全管理工作开展情况的考评
1. 车间（部门）在计划、布置、检查、总结、评比生产工作时，是否同时进行相应的安全工作。
2. 查车间（部门）会议记录，有无“五同时”内容，每月两次，缺一次扣____分。
3. 未及时上交安全生产报告总结，每次扣____分。
第 6 条　对安全检查工作开展情况的考评
1. 车间（部门）每月至少开展一次本单位综合性安全生产检查，车间（部门）负责人，工艺、设备、安全技术人员必须参加。
2. 要求检查内容全面，检查记录、台账完整规范。
3. 车间（部门）安全检查工作的考评情况：
（1）检查无记录，按未检查论处，每缺一次扣____分；未及时上交，每次扣____分。
（2）无车间（部门）负责人带队扣____分，工艺、设备、安全技术人员每缺 1 人扣____分。
（3）检查内容不全面、记录不规范、台账不完整，酌情扣分。
第 7 条　对安全教育工作开展情况的考评
1. 对新进车间（部门）从业人员、本车间（部门）内岗位变动人员、间断本工种 6 个月以上复工及工伤复工人员（以上人员含临时用工），必须在上岗前进行车间级及班组级安全增长率与考试，成绩记入安全教育台账和上岗操作证。
2. 未进行安全教育及考试不及格人员不得上岗。
3. 举行年度安全教育考试。
4. 查车间安全教育台账、考试卷、上岗操作证考评指标：
（1）每查出 1 人次未按规定接受车间级或班组级安全教育扣____分，至扣完为止。
（2）安全教育考试成绩未记入安全教育台账、上岗操作证，每人次扣____分。
（3）班组级安全教育考试成绩可记入车间安全教育台账，且试卷必须一同存入。
（4）未举行年度安全教育考试，12 月份的考核成绩扣____分。
第 8 条　对班组安全管理情况的考评
1. 车间（部门）制定本单位安全生产工作考核制度，每月对班组安全生产工作进行检查考评。
2. 车间安全生产考核收入发放与班组安全生产工作情况挂钩。</td></tr>
</table>

续表

制度名称	安全生产目标考核评比制度			受控状态	
				编　　号	
执行部门		监督部门		编修部门	

3. 对班组安全活动有检查，有布置，积极开展创建安全合格班组活动。

4. 对班组安全管理情况的考评指标：

（1）每发现1个隐患扣____分。

（2）对查出的事故隐患未落实整改措施、整改责任人和完成时间，每项扣____分。

（3）没有按时完成公司下达的隐患整改任务，每次扣____分；未将隐患整改情况及时返回安全管理部门，每次扣____分。

（4）未按规定着装，每次扣____分；未按规定正确穿戴劳动防护用品，每次扣____分。

（5）在易燃易爆场所每查出一个现场吸烟者扣____分，无主烟头每个扣____分、烟盒每个扣____分。其他场所每查出一个现场吸烟者扣____分，无主烟头每个扣____分、烟盒每个扣____分。

（6）未按规定办理安全作业证、落实安全措施，每次扣____分。

（7）检修结束，设备安全装置未复位，每次扣____分。

（8）违章指挥、带头冒险作业、强令冒险作业，每次分别扣____分。

（9）违反公司安全用电及取暖管理规定，每次分别扣____分。

（10）每查出一项除上述以外不符合考核内容要求的情况扣____分。

第9条　对安全事故处理情况的考核

1. 发生工伤事故及时报告，不隐瞒事故。

2. 做到处理事故“四不放过”原则。

3. 事故结案不超过规定时限，并将事故处理报告交公司安全部门及公司有关部门备案。

4. 建立健全事故台账，建立事故档案。

5. 对安全事故处理情况的考评指标：

（1）隐瞒事故不报扣____分，迟报扣____分。

（2）未按处理事故“四不放过”原则，视情况扣____～____分。

（3）事故结案超过时限，每起扣____分。

（4）事故处理报告未交公司安全管理部门，每起扣____分。

（5）事故台账未及时登记，每起扣____分。

第10条　本考评制度由安全管理部制定并监督执行。

第11条　本考评制度自颁布之日起开始执行。

修订记录	修订标记	修订处数	修订日期	修订执行人	审批签字

3.3.4 企业安全生产奖惩管理制度

<table>
<tr><td rowspan="2">制度名称</td><td colspan="3" rowspan="2">企业安全生产奖惩管理制度</td><td>受控状态</td><td></td></tr>
<tr><td>编　　号</td><td></td></tr>
<tr><td>执行部门</td><td></td><td>监督部门</td><td></td><td>编修部门</td><td></td></tr>
</table>

第1章 总　　则

第1条 目的

为更好地贯彻《中华人民共和国安全生产法》，坚持“安全第一，预防为主，综合治理”的方针，落实安全责任制和各项规章制度，强化安全生产和环境保护工作，防止和减少生产安全事故，保障员工的生命及财产安全，特制定本制度。

第2条 适用范围

本制度适用于生产现场作业单位与人员及安全管理责任单位与人员。

第3条 职责分工

1. 总经理（或授权的安全责任第一人）：审批各项安全生产奖惩管理办法。

2. 安全管理部：制定安全生产奖惩管理办法，并对其实施进行监督。

3. 人力资源部：配合安全管理部落实各项安全生产奖惩指标。

4. 生产作业单位：各项安全生产奖惩标准的执行主体。

第2章 奖　　励

第4条 奖励形式

奖励实行精神奖励和物质奖励相结合的原则：物质奖励包括发放一次性奖金、奖品；精神奖励包括记功、授予荣誉称号等。

第5条 奖励标准

1. 全面完成公司下达的安全生产指标，落实安全生产岗位责任制，认真贯彻执行安全生产规章制度，在预防事故、安全生产过程中做出显著成绩的单位奖励现金____元，授予“安全先进单位”称号。

2. 在安全生产管理措施或在作业安全防护技术方面有创造发明的单位或个人奖励现金____元。

3. 带头遵守安全生产规章制度，模范执行安全操作规程，在车间内起到安全操作模范的个人奖励现金____元，授予“安全生产模范”称号。

4. 在公司组织的安全生产教育培训中，表现突出的个人奖励现金____元，授予“安全生产积极分子”称号。

5. 在生产作业现场及时发现或消除事故隐患，避免重大事故发生的个人奖励现金____元。

第3章 惩　　罚

第6条 关于安全生产事故的界定

本制度中所涉及的安全生产事故是指员工在从事职业活动或有关活动过程中发生的意外、突发性事件的总称，通常会使正常活动中断、造成人员伤亡或财产损失，从而致使公司遭受经济损失。

第7条 公司事故等级分类

1. 一般事故：导致员工受伤人数2人以下或公司经济损失1万元以下的事故。

2. 重大事故：导致员工受伤人数3人以上或公司经济损失1万元（含）以上，10万元以下的事故。

3. 特大事故：导致员工死亡或公司经济损失10万元（含）以上的事故。

第8条 惩罚形式

惩罚主要包括行政惩罚和经济惩罚两种形式。安全生产事故发生后，安全管理部对事故的直接责任人和车间负责人的惩罚工作，必须结合事故的类型、等级和责任大小有针对性地进行。

续表

<table>
<tr><td>制度名称</td><td colspan="3" rowspan="2">企业安全生产奖惩管理制度</td><td>受控状态</td><td></td></tr>
<tr><td></td><td>编　号</td><td></td></tr>
<tr><td>执行部门</td><td></td><td>监督部门</td><td></td><td>编修部门</td><td></td></tr>
</table>

第9条　惩罚标准

1. 生产现场发生一般事故，由安全管理部负责调查处理，写出事故调查报告，并在公司内部进行通报。对事故所在车间的负责人罚款____元，对班组长及事故责任人均罚款____元。

2. 生产现场发生重大事故，由安全管理部负责调查处理，写出事故调查报告，并在公司内部进行通报。对发生事故的单位领导人扣罚年薪____%，事故所在车间的负责人罚款____元，班组长及事故责任人罚款____元，同时按责任的大小给予行政处分。

3. 生产现场发生特大事故，由公司总经理组织有关部门调查处理，与当地政府部门共同调查形成事故调查报告，公司内部进行通报。对发生事故的单位领导人及安全产管理部负责人扣罚年薪____%，事故所在车间负责人罚款____元，班组长及事故责任人罚款____元，情况严重的依法追究法律责任。

4. 对下列情况之一的事故发生单位领导人及车间负责人予以加倍的经济处罚：

（1）生产作业的违章操作，经安全生产管理部提出纠正后，仍坚持不改，导致伤亡事故的发生。

（2）事故发生后，隐瞒或谎报事故情况，破坏现场，妨碍事故调查。

（3）接到“停工通知书”后，逾期不执行，导致伤亡事故的发生。

第4章　执行程序

第10条　奖励执行

1. 通过年度安全生产考核评比，获得安全生产奖励的单位或个人，根据评比的审批结果，在年度安全工作会上予以公布，授予相应的安全生产荣誉称号，并发放相应的物质奖励。

2. 安全生产奖励一律由安全管理部审核并说明奖励意见，由公司领导审批，并记入档案。

第11条　惩罚执行

1. 安全生产事故发生后，由安全管理部分析并确定安全生产事故等级，明确事故发生的责任主体。

2. 待事故处理结案后，人力资源部配合安全管理部根据本制度的相关要求，立即予以通报批评并作出相应的处理。

第12条　特殊执行

1. 安全生产先进事迹特别突出，贡献特别大的单位或个人，经安全管理部审核，经公司领导批准，可进行特殊的重奖处理。

2. 违章或事故性质严重，造成损失或影响特别大的单位或个人，经安全管理部审核，经公司领导批准，可进行特殊的重罚处理。

第13条　其他相关规定

1. 公司设立安全基金专户，由公司财务部建账，实行专款专用。

2. 事故罚款应纳入安全奖金专户，不得挪作他用。

第5章　附　则

第14条　本制度由安全管理部制定并监督执行，其修订工作归安全管理部执行。

第15条　本制度经公司总经理批准生效，自发布之日起开始实施。

<table>
<tr><td rowspan="3">修订记录</td><td>修订标记</td><td>修订处数</td><td>修订日期</td><td>修订执行人</td><td>审批签字</td></tr>
<tr><td></td><td></td><td></td><td></td><td></td></tr>
<tr><td></td><td></td><td></td><td></td><td></td></tr>
</table>

第 4 章

安全生产过程管理制度

4.1 突发事件应急管理制度

4.1.1 用漫画解说制度

4.1.2　突发自然灾害应急管理制度

<table>
<tr><td rowspan="2">制度名称</td><td colspan="3" rowspan="2">突发自然灾害应急管理制度</td><td>受控状态</td><td></td></tr>
<tr><td>编　　号</td><td></td></tr>
<tr><td>执行部门</td><td></td><td>监督部门</td><td></td><td>编修部门</td><td></td></tr>
</table>

第1章　总　　则

第1条　目的

为指导和规范我公司突发自然灾害应急管理工作，保证突发自然灾害应急工作职责明确、运转有序、反应迅速、处置有力，最大限度地预防和减少突发自然灾害的人员伤亡和财产损失，特制定本制度。

第2条　适用范围

本制度适用于本公司全部管理区域。

第3条　工作原则

“以人为本，减少危害”为基本工作原则，把保障全公司员工的生命财产安全作为应急处置工作的出发点和落脚点，最大限度地预防和减少突发自然灾害造成的人员伤亡和财产损失。

第2章　组织指挥体系及职责

第4条　设立应急指挥小组

1. 设立突发自然灾害应急指挥小组，由安全管理部经理任小组组长。

2. 其他各部门经理担任副组长，指挥小组成员由各部门成员及主要业务骨干组成。

第5条　应急指挥小组的主要职责

突发自然灾害应急指挥小组的主要职责如图4—1所示。

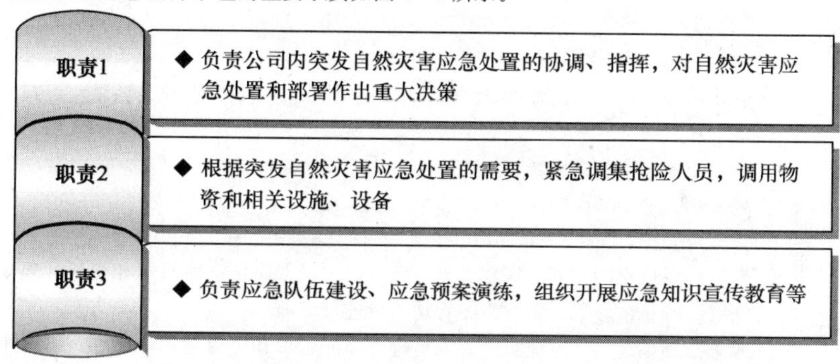

图4—1　突发自然灾害应急指挥小组的职责图

第3章　建立预防和预警机制

第6条　编制预案

应急指挥小组负责编制符合本公司实际情况、具有针对性和可操作性强的应急预案，定期组织演练，做好宣传培训工作，以增强全公司员工预防自然灾害侵袭的能力，做好各项应急管理工作。

第7条　隐患排查

1. 指挥小组负责定期组织力量对本公司区域内房屋建筑等进行全面检查，并做好书面记录。

2. 发现隐患及时组织整改排除，特别在汛期前做好各项环节检查工作和重要措施。

续表

<table>
<tr><td rowspan="2">制度名称</td><td colspan="3" rowspan="2">突发自然灾害应急管理制度</td><td>受控状态</td><td></td></tr>
<tr><td>编　号</td><td></td></tr>
<tr><td>执行部门</td><td></td><td>监督部门</td><td></td><td>编修部门</td><td></td></tr>
</table>

第4章　应急保障管理

第8条　应急队伍保障

全公司应加强应急防治与救灾队伍建设，组建应急队伍，加强技术指导和培训，确保自然灾害发生时应急力量能及时到位。

第9条　应急物资保障

按照分级负责的原则，各部门必须储备一定数量的应急救灾物资，各部门要负责本部的抢险物资、器材、设备的储备和管理工作，建立相应的维护、保养和检测等制度，使其处于良好状态，并依照规定及时予以补充和更新，保证应急需要。

第10条　应急信息保障

1. 应急指挥小组应加强与本市相关行政管理部门的联系，出现紧急事件和突发事件时要根据预案做好相关工作，并及时通知本市相关行政管理部门。

2. 应急指挥小组要建立应急人员和行政管理部门的通信联络动态数据库，明确参与人员和行政部门的通信方式、联系方式。

3. 应急指挥小组要建立和完善预防自然灾害信息报告制度，确保信息及时、准确地传递。

第11条　宣传、培训和演练

具体的应急宣传、培训和演练说明，见表4—1。

表4—1　　应急宣传、培训和演练说明表

事项	说明
宣传教育	◇ 应急指挥小组应广泛开展自然灾害的应急预防、避险、自救、互救、防灾、减灾等基本知识和有关法律法规的宣传教育，提高员工的防灾救灾意识和能力 ◇ 应急指挥小组要掌握新闻报道的信息情况，做好舆论引导工作，及时减少负面消息的影响，维护厂内稳定
组织培训	◇ 采取分级负责的原则，应建立健全应对自然灾害应急法律法规和应急管理知识培训制度，每年由应急处置职责的管理人员进行培训 ◇ 应急指挥小组加强对应急救援人员进行岗前培训和应急常规性培训，提高应急队伍应对突发自然灾害的能力
演练	◇ 根据本公司应急工作预案，定期组织演练或训练，使应急管理机构、人员明确岗位职责，增强与相关部门的配合和协调，提高整体应急反应能力，及时发现预案和程序的缺陷，并根据演练情况和实际需要进一步完善应急预案

第12条　预案管理与更新

应急指挥小组要每年组织对预案进行一次评估，并根据情况变化及时做出相应修改。

第13条　奖励与责任追究

1. 公司对在应急工作中作出突出贡献的集体和个人给予表彰和奖励。

续表

<table>
<tr><td rowspan="2">制度名称</td><td colspan="3" rowspan="2">突发自然灾害应急管理制度</td><td>受控状态</td><td></td></tr>
<tr><td>编　　号</td><td></td></tr>
<tr><td>执行部门</td><td></td><td>监督部门</td><td></td><td>编修部门</td><td></td></tr>
<tr><td colspan="6">2. 对玩忽职守、不听从指挥、不认真负责或者临阵脱逃、擅离职守并造成严重后果的责任者，追究当事人的责任，并予以处罚。构成犯罪的，依法追究其刑事责任。
第5章　附　　则
第14条　本制度由安全管理部负责制定、修改和解释。
第15条　本制度经总经理审批通过后执行。</td></tr>
</table>

<table>
<tr><td rowspan="3">修订记录</td><td>修订标记</td><td>修订处数</td><td>修订日期</td><td>修订执行人</td><td>审批签字</td></tr>
<tr><td></td><td></td><td></td><td></td><td></td></tr>
<tr><td></td><td></td><td></td><td></td><td></td></tr>
</table>

4.1.3　突发安全事故应急管理制度

<table>
<tr><td rowspan="2">制度名称</td><td colspan="3" rowspan="2">突发安全事故应急管理制度</td><td>受控状态</td><td></td></tr>
<tr><td>编　　号</td><td></td></tr>
<tr><td>执行部门</td><td></td><td>监督部门</td><td></td><td>编修部门</td><td></td></tr>
<tr><td colspan="6">第1章　总　　则
第1条　目的
为建立健全生产过程中突发安全事故的救助体系和运行机制，规范和指导应急处理工作。有效预防、积极应对、及时控制突发的安全事故，高效组织应急救援工作，最大限度地减少生产过程中的突发安全事故的危害。保障员工的生命安全，特制定本制度。
第2条　适用范围
本制度适用于公司内突发安全事故的应急管理工作。
第2章　组织机构及职责
第3条　成立突发安全事故应急领导小组
成立突发安全事故应急领导小组（以下简称“应急小组”），由安全管理部经理任组长，主管生产安全的车间负责人任副组长，成员由各生产班组的班组长组成。
第4条　应急管理职责
在生产相关过程的突发安全事故应急中，应急小组负责生产方式的改变、人员的调配、现场抢救指挥、现场保卫、隐患清理等综合性工作。
第3章　突发安全事故类型及处理
第5条　安全事故的分类
安全事故的分类，见表4—2。</td></tr>
</table>

续表

制度名称	突发安全事故应急管理制度		受控状态	
			编　　号	
执行部门		监督部门	编修部门	

表 4—2　　安全事故的分类表

事故类型	具体说明
一类（轻微）事故	◇ 主要指在生产作业及其他相关过程中发生的设备部件失灵、毁坏，工程设施损坏，人员的轻微摔、跌、碰、烫伤、中暑等
二类（一般）事故	◇ 主要指在生产作业及其他相关过程中发生的单台机械设备的毁损（不影响其他生产环节），火灾，工程设施的重大损坏，人员的一般性伤害，多人轻度中暑、中毒，较轻的自然灾害损失等
三类（重大或特大）事故	◇ 主要指生产作业及其他相关过程中发生的多台设备、设施的严重损坏，火灾，重大自然灾害，人员重伤或死亡等严重伤害

第 6 条　突发一类安全事故的处理

原则上由生产班组自行组织处理，但处理后应将具体情况形成书面材料报告给安全管理部。具体步骤如下：

1. 事故发生后，现场（或最先到达现场）的人员应采取措施，如断电、停气等，控制事故的蔓延扩大，由当班的班组长负责现场指挥。

2. 如有受伤人员，应立即进行抢救。在事故现场简单处理后，可视情况严重程度送公司卫生所或医院救治。

3. 现场事故处理，应由专人进行完整记录，并有单位行政主要负责人签字。

第 7 条　突发二类安全事故的处理

原则上由生产部负责，其他部门配合处理，其后将具体情况形成书面材料报告安全管理部经理。具体步骤如下：

1. 事故发生后，应立即报告安全管理部经理，事故所在的车间主任应立即到现场，安监人员和其他相关人员应参与应急处理。

2. 现场（或最先到达现场）人员应立即采取措施，如断电、停气等。控制事故的蔓延扩大，同时立即上报公司总经理。

3. 现场应急指挥由安全管理部经理负责。

4. 如有人员伤害，应最先抢救受伤害人员。经简单处理后，应以最快的速度送医院救治。

5. 现场事故处理应由专人记录，所在车间主任签字，并上报安全管理部。安全管理部进行调查、分析后，形成书面材料上报公司总经理。

第 8 条　突发三类安全事故的处理

由安全管理部经理第一时间赶到现场指挥抢救工作，具体的救援步骤如下：

1. 事故发生后，事故发生班组应立即报告生产部及所在车间主任，生产部应根据事故情况通知相关班组执行生产变更命令。

2. 安全管理部经理应立即下达应急状态命令，并马上赶到现场，达到上报有关上级部门规定的情况，

续表

<table>
<tr><td>制度名称</td><td colspan="3" rowspan="1">突发安全事故应急管理制度</td><td>受控状态</td><td></td></tr>
<tr><td></td><td colspan="3"></td><td>编　　号</td><td></td></tr>
<tr><td>执行部门</td><td></td><td>监督部门</td><td></td><td>编修部门</td><td></td></tr>
<tr><td colspan="6">要立即报集团公司、市、省的相关主管部门。
3. 突发安全事故应急领导小组应第一时间到现场参与事故状态下的应急处理。
4. 在事故处理过程中，现场（或最先到达现场）人员应首先采取措施，控制事故的蔓延扩大，如伴有重大燃烧，可直接拨打 119 报火警。
5. 事故抢救过程中，应以员工的生命安全为首位。首先抢救被伤害员工，同时还应实施安全救护，做好自身安全保护。
6. 事故现场的管理指挥，由安全管理部经理负责，其他人员应服从指挥调度。
7. 公司消防、保卫人员接应急通知后，必须在 10 分钟内赶到现场，实施抢救和保卫管制。
8. 现场事故应由专人进行完整记录，并有安全管理部经理的签字。
第 4 章　责 任 纪 律
第 9 条　相关人员责任
1. 接到突发安全事故应急通知后，各级人员均不得以任何借口推诿参与。
2. 参与突发安全事故应急工作的各级人员必须服从指挥、调度。
3. 在突发安全事故的应急过程中，各级人员必须尽职尽责，不得消极、抵触。
第 10 条　救援纪律
1. 在突发安全事故的应急过程中，无关人员（或经现场指挥人员要求撤离的人员）不得在事故现场逗留，不得在管制范围内聚集或设障。
2. 在突发安全事故的应急过程中，各级人员不得故意破坏现场，不得擅自将事故相关的器、物带离现场，不得做与应急工作无关的事。
第 5 章　附　　则
第 11 条　本制度由安全管理部负责制定、修改和解释。
第 12 条　本制度经总经理审批通过后执行。</td></tr>
</table>

修订记录	修订标记	修订处数	修订日期	修订执行人	审批签字

4.1.4　安全事故应急调查处理制度

<table>
<tr><td>制度名称</td><td colspan="3">安全事故应急调查处理制度</td><td>受控状态</td><td></td></tr>
<tr><td></td><td colspan="3"></td><td>编　　号</td><td></td></tr>
<tr><td>执行部门</td><td></td><td>监督部门</td><td></td><td>编修部门</td><td></td></tr>
<tr><td colspan="6">第 1 章　总　　则
第 1 条　目的
为规范安全事故应急调查处理，确保在安全事故发生时，最大限度地降低事故损失，保护公司财产、员工人身安全，特制定本制度。</td></tr>
</table>

续表

制度名称	安全事故应急调查处理制度			受控状态	
				编　　号	
执行部门		监督部门		编修部门	

第2条　适用范围

本制度适用于公司安全事故应急调查处理工作。

第3条　名词解释

生产安全事故，是指在生产经营活动中发生的意外突发事故，通常会造成人员伤亡或财产损失，中断正常的生产经营活动。

第4条　安全事故调查处理原则

1. 安全事故调查处理必须坚持及时、准确、客观公正、实事求是、依法依规、尊重科学的原则。

2. 事故的调查处理必须坚持“四不放过”原则，即事故原因未查清不放过、责任者未受到查处不放过、群众未受到教育不放过、整改和防范措施未落实不放过。

3. 坚持重视追究领导责任的原则

第2章　成立安全事故调查组

第5条　安全事故调查组的工作内容

当发生生产安全事故时，公司应根据事故伤亡情况成立事故调查组。事故调查组的工作内容见表4—3。

表4—3　　事故调查小组的调查内容表

调查内容	具体说明
轻伤、重伤事故调查	由公司总经理或指定人员组织安全管理部、生产部以及工会成员组成事故调查组
死亡事故调查	由公司调查组同公司所在地的安全生产监督管理部门和公安部门进行死亡事故调查

第6条　安全事故调查组的职责

安全事故调查组的主要职责有6个方面，具体如图4—2所示。

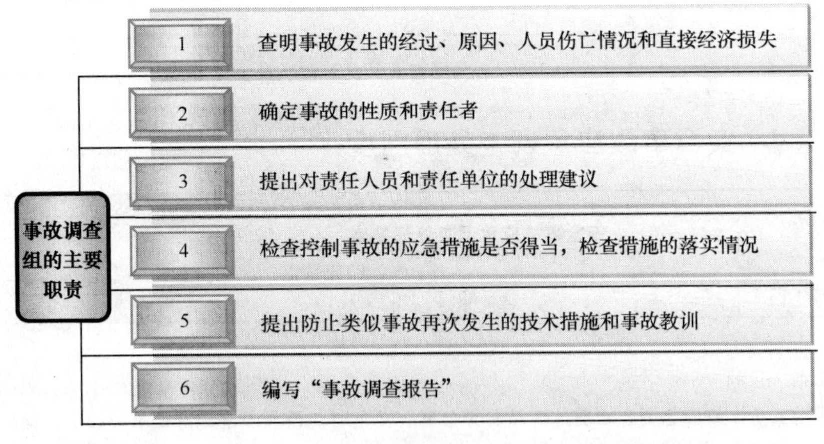

图4—2　安全事故调查组职责说明图

续表

<table>
<tr><td rowspan="2">制度名称</td><td colspan="3" rowspan="2">安全事故应急调查处理制度</td><td>受控状态</td><td></td></tr>
<tr><td>编　　号</td><td></td></tr>
<tr><td>执行部门</td><td></td><td>监督部门</td><td></td><td>编修部门</td><td></td></tr>
</table>

第 3 章　事故应急调查方法和程序

第 7 条　安全事故应急调查方法

1. 现场调查，包括现场勘察和实物取证等。

2. 技术鉴定，即通过对现场物证、残痕等进行技术研究分析，必要时还要进行模拟实验以确定事故发生的直接原因。

3. 询问及谈话记录，即对当事人进行询问和谈话，以了解当时的工作状态和事故发生的经过。

4. 救护记录，即调查伤亡人员的位置及状态、设备和设施的破坏情况，为现场勘察和分析打下基础。

第 8 条　安全事故应急调查程序

1. 安全生产事故发生后，事故调查组要根据事故大小及性质制定事故调查方案，方案包括事故调查的职责分工、方法步骤、时间安排等。

2. 事故调查组编制“事故调查通知书”，将通知书发放给事故发生单位、事故涉及单位。

3. 调查组向事故单位相关人员、应急处置人员等知情人员进行询问，并做询问记录。

4. 勘察事故现场时，事故调查组可采取照相、录像、绘制现场图及制作现场勘察笔记等方法，提取事故相关证据。调查组应要求事故发生单位移交事故应急处置形成的有关资料、材料等。

5. 事故调查组可进入事故发生单位、事故涉及单位的工作现场或其他有关场所，查阅、复制、检查相关资料，并对可能被转移、隐匿、销毁的文件进行封存。

6. 对需要进行技术鉴定的事故，事故调查组委托具有国家规定资质的单位进行。

7. 调查小组通过取证、询问等收集事故发生的相关资料，分析事故的直接原因和间接原因，编制“应急事故调查报告”，经调查组组长审核后，交安全管理部及总经理批示。

8. 安全事故的调查、处理情况由安全事故调查组或者总经理向公司各部门公布。

第 4 章　安全事故调查

第 9 条　安全事故调查期限

安全事故调查组应当按照国家、公司有关安全生产规定开展事故调查，并在下列调查期限内向上级主管部门或者政府相关部门提交事故调查报告。

1. 特大和重大事故的调查期限为____日。特殊情况下，经上级主管部门批准，可以适当延长，但延长的期限不得超过____日。

2. 较大和一般事故的调查期限为____日。特殊情况下，经上级主管部门批准，可以适当延长，但延长的期限不得超过____日。

3. 事故调查期限自事故发生之日起计算。

第 10 条　安全事故调查纪律

在安全事故调查过程中，应有____名以上事故调查人员在场。不得单独与事故责任部门接触或是对安全事故处理意见表态。对要求事故部门提供的相关资料，应一次性列出书面清单。在对事故未作处理决定前，不得向事故责任部门泄漏事故处理意见。

第 11 条　安全事故应急调查评估

需要委托有关机构进行技术鉴定或者对相关设备、设施及其他财产损失状况进行评估的，需委托具有国家规定资质的机构进行技术鉴定或者评估。

续表

制度名称	安全事故应急调查处理制度			受控状态	
				编　　号	
执行部门		监督部门		编修部门	

第 12 条　形成安全事故认定书

安全事故调查报告形成后，经上级主管部门同意后，事故调查组工作结束。主管部门自事故调查组工作结束之日起____日内，根据事故调查报告，出具“安全事故认定书”。

第 5 章　安全事故处理

第 13 条　安全事故责任认定

具体的安全事故责任认定，可参考图 4—3 进行。

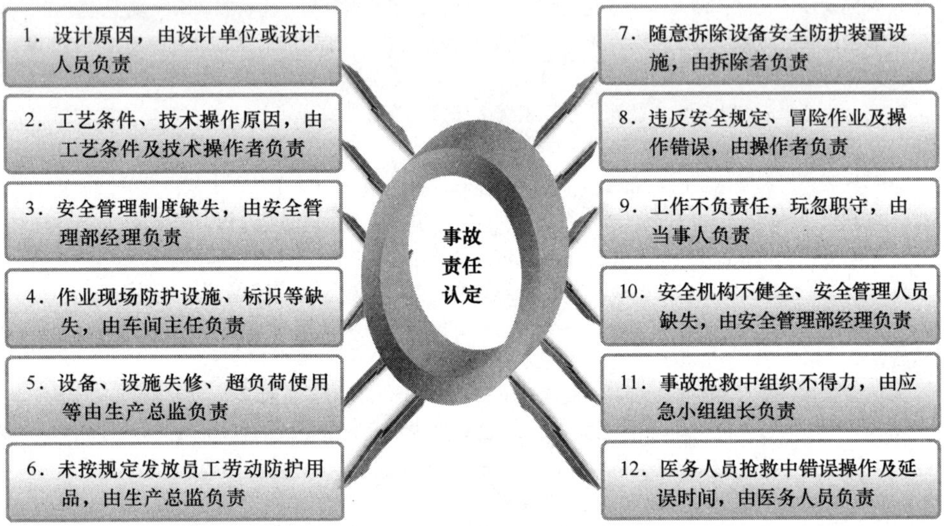

事故责任认定

1. 设计原因，由设计单位或设计人员负责
2. 工艺条件、技术操作原因，由工艺条件及技术操作者负责
3. 安全管理制度缺失，由安全管理部经理负责
4. 作业现场防护设施、标识等缺失，由车间主任负责
5. 设备、设施失修、超负荷使用等由生产总监负责
6. 未按规定发放员工劳动防护用品，由生产总监负责
7. 随意拆除设备安全防护装置设施，由拆除者负责
8. 违反安全规定、冒险作业及操作错误，由操作者负责
9. 工作不负责任，玩忽职守，由当事人负责
10. 安全机构不健全、安全管理人员缺失，由安全管理部经理负责
11. 事故抢救中组织不得力，由应急小组组长负责
12. 医务人员抢救中错误操作及延误时间，由医务人员负责

图 4—3　事故责任认定说明图

第 14 条　处罚类别

对事故责任者的处罚包括罚款、赔偿经济损失、行政处罚及追究刑事责任。其中，行政处罚包括警告、记过、记大过、降级降薪、留职察看、解除劳动合同等。

第 15 条　处罚措施

1. 对作业人员因个人原因造成的安全事故的处理措施如图 4—4 所示。

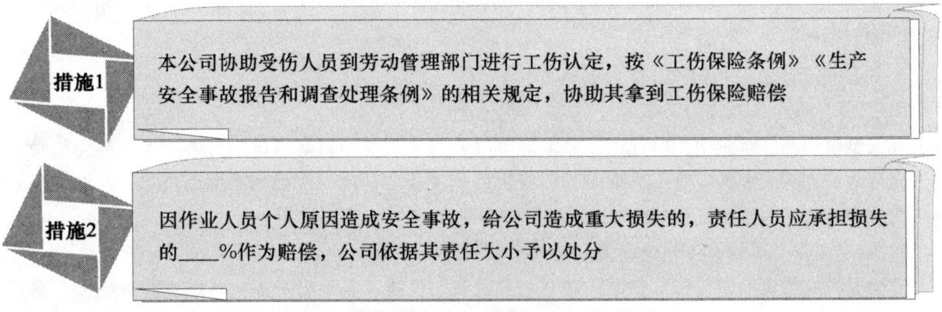

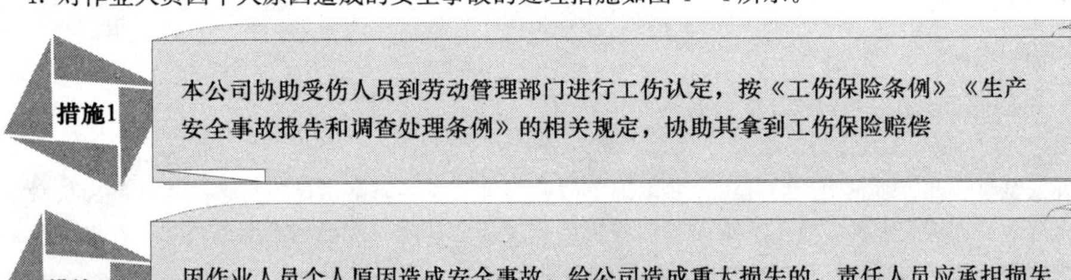

图 4—4　个人安全事故处理说明图

续表

<table>
<tr><td rowspan="2">制度名称</td><td colspan="3" rowspan="2">安全事故应急调查处理制度</td><td>受控状态</td><td></td></tr>
<tr><td>编　　号</td><td></td></tr>
<tr><td>执行部门</td><td></td><td>监督部门</td><td></td><td>编修部门</td><td></td></tr>
<tr><td colspan="6">

2. 对因公司管理原因造成的安全事故的处理措施如图 4—5 所示。

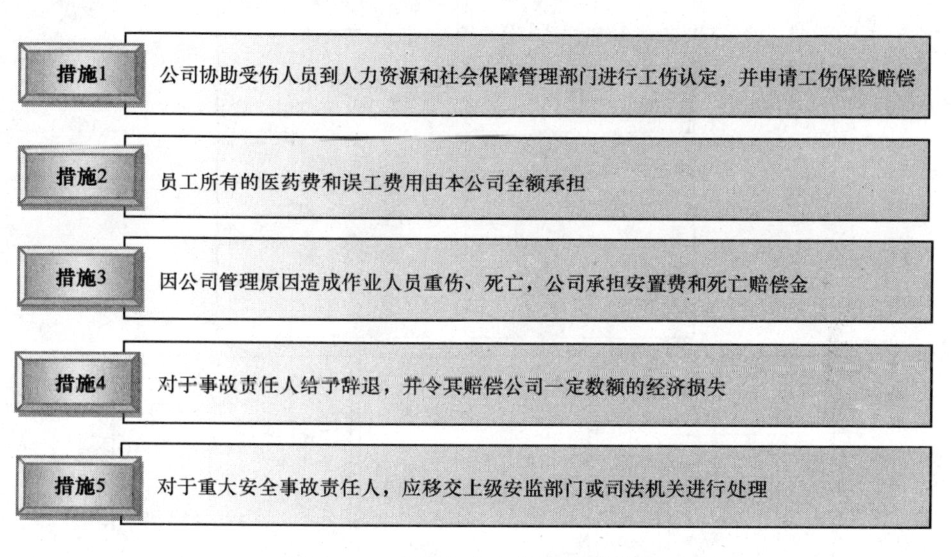

图 4—5　公司安全事故处理说明图

第6章　附　　则

第 16 条　本制度由安全管理部负责制定，修改和解释。

第 17 条　本制度报总经理审批后，自颁布之日起执行。

</td></tr>
</table>

修订记录	修订标记	修订处数	修订日期	修订执行人	审批签字

4.2 5S 现场管理制度

4.2.1 用漫画解说制度

4.2.2 5S 现场管理推进制度

<table>
<tr><td rowspan="2">制度名称</td><td colspan="3" rowspan="2">5S 现场管理推进制度</td><td>受控状态</td><td></td></tr>
<tr><td>编　　号</td><td></td></tr>
<tr><td>执行部门</td><td></td><td>监督部门</td><td></td><td>编修部门</td><td></td></tr>
<tr><td colspan="6">

第 1 章　总　　则

第 1 条　目的

为提高本公司生产效率、提高员工的修养、减少浪费、保障公司的安全生产。使公司减少设备故障和安全事故的发生，拥有干净、明亮的工作场所，特制定本制度。

第 2 条　适用范围

本制度适用于本公司各生产车间 5S 现场管理的推行工作。

</td></tr>
</table>

续表

制度名称	5S 现场管理推进制度			受控状态	
				编　　号	
执行部门		监督部门		编修部门	

第 2 章　建立推行组织

第 3 条　成立 5S 推行委员会

公司成立 5S 推行委员会，委员会设主任委员、副主任委员、执行秘书一名、干事若干名，各成员必须明确其具体的工作职责。

第 4 条　各岗位职责

1. 总经理担任主任委员职务，负责 5S 现场管理的整体推进和方案的核准等工作。

2. 安全管理部经理担任副主任委员职务，负责 5S 现场管理的计划、组织等日常管理工作，负责主持宣传教育等工作。

3. 车间主任担任执行秘书，负责 5S 管理资料的整理，日常计划、活动方案的制定等工作。

4. 各生产班组长担任干事职务，负责资料收集、配合现场管理，以及上级领导交办的工作。

第 3 章　拟订 5S 现场管理计划

第 5 条　5S 现场管理日程计划

5S 现场管理日程计划一般包括如图 4—6 所示内容。

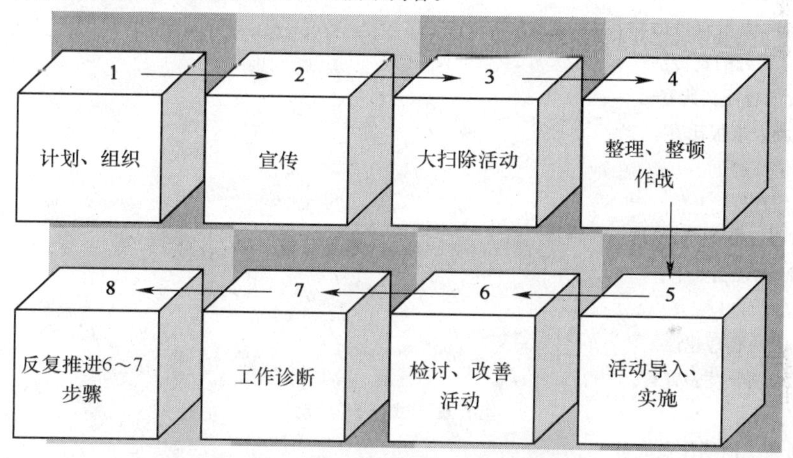

图 4—6　5S 现场管理日程计划图

第 6 条　5S 现场管理资料的收集

5S 现场管理收集整理的资料如图 4—7 所示。

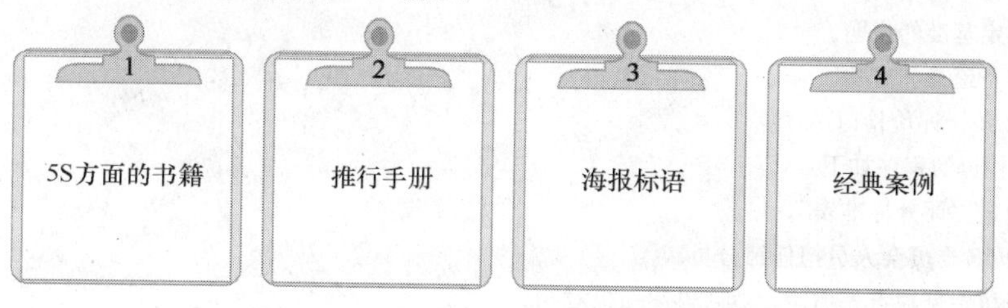

图 4—7　5S 现场管理收集整理的资料

续表

<table>
<tr><td rowspan="2">制度名称</td><td colspan="3" rowspan="2">5S 现场管理推进制度</td><td>受控状态</td><td></td></tr>
<tr><td>编　　号</td><td></td></tr>
<tr><td>执行部门</td><td></td><td>监督部门</td><td></td><td>编修部门</td><td></td></tr>
<tr><td colspan="6">第 7 条　制定 5S 活动实施方案
5S 活动实施方案内容如下：
1. 活动时间、目的。
2. 必需品与非必需品的区分办法。
3. 5S 活动评价办法。
4. 5S 活动奖惩办法。
第 4 章　5S 活动说明、教育宣传
第 8 条　说明与教育
说明与教育内容如下：
1. 5S 活动目的说明。
2. 全员 5S 训练。
3. 管理人员 5S 训练。
4. 委员会人员训练。
第 9 条　开展宣传活动
一般有下列的宣传活动：
1. 5S 内容征文比赛。
2. 漫画、板报比赛。
3. 演讲比赛。
4. 标语比赛。
第 10 条　其他活动
其他活动说明如下：
1. 观摩模范厂。
2. 专家的心理建议。
3. 厂级领导发表宣言。
第 5 章　试行 5S 活动
第 11 条　前期作业准备
具体的前期作业准备如下：
1. 分配责任区域。
2. 制定“需要”和“不需要”物品基准书。
3. 制定基准的说明。
4. 准备道具和方法。
第 12 条　评价检讨
评价检讨的程序如下：
1. 制定“评分标准表”。
2. 由 5S 委员会人员担任评分员。
3. 考核中见缺点先描述，然后再逐一核对扣分。
4. 评分考核开始时每日一次，一个月做一次汇总。</td></tr>
</table>

续表

<table>
<tr><td>制度名称</td><td colspan="3">5S现场管理推进制度</td><td>受控状态</td><td></td></tr>
<tr><td></td><td colspan="3"></td><td>编　　号</td><td></td></tr>
<tr><td>执行部门</td><td></td><td>监督部门</td><td></td><td>编修部门</td><td></td></tr>
<tr><td colspan="6">5. 将缺点项目加以统计，开出“整改措施表”。
6. 责任部门按期整改并达到验证合格。
第6章　实施5S活动导入和查核
第13条　实施5S活动导入
1. 将试行的结果经过检讨修订，确定正式的实施办法。
2. 召集相关人员，公布正式导入时间及期望。
3. 由5S推行委员会公布5S活动推进办法、时间。
4. 推行委员会召开委员及各级管理会议，说明活动办法和相关事项。
5. 各部门依办法实施全面导入。
第14条　活动查核
1. 各部门委员应定期进行自我查核、纠正。
2. 由推行委员会组织或由上级主管指定查核小组，定期或不定期到现场巡查。
3. 发现问题及时纠正，对优秀部门予以表扬。
第7章　附　　则
第15条　本制度由安全管理部负责制定、修改和解释。
第16条　本制度经总经理审批通过后执行。</td></tr>
</table>

修订记录	修订标记	修订处数	修订日期	修订执行人	审批签字

4.2.3　5S现场管理检查制度

<table>
<tr><td>制度名称</td><td colspan="3">5S现场管理检查制度</td><td>受控状态</td><td></td></tr>
<tr><td></td><td colspan="3"></td><td>编　　号</td><td></td></tr>
<tr><td>执行部门</td><td></td><td>监督部门</td><td></td><td>编修部门</td><td></td></tr>
<tr><td colspan="6">第1章　总　　则
第1条　目的
为了确保5S现场管理的有效推行，创造一个整洁有序的良好工作环境，提高工作效率，彻底消除各种浪费，从而达到5S管理的成效，特制定本制度。
第2条　适用范围
本制度适用于公司5S现场管理的检查工作。
第3条　名词解释
1. 5S整理，是指整理、整顿、清扫、清洁、素养。
2. 整理，是指将工作场所任何东西区分为有必要与不必要，不必要的物品要尽快处理掉。</td></tr>
</table>

续表

<table>
<tr><td rowspan="2">制度名称</td><td colspan="3" rowspan="2">5S 现场管理检查制度</td><td>受控状态</td><td></td></tr>
<tr><td>编　号</td><td></td></tr>
<tr><td>执行部门</td><td></td><td>监督部门</td><td></td><td>编修部门</td><td></td></tr>
</table>

3. 整顿，是指对整理后留在现场的必要物品分门别类放置，排列整齐，明确数量，有效标志。

4. 清扫，是指将工作场所清扫干净，保持工作场所干净、整洁。

5. 清洁，将上面的整理、整顿、清扫实施的做法制度化、规范化。

6. 素养，指通过晨会等手段，提高员工文明礼貌水准，增强团队意识，养成按规定行事的良好工作习惯。

第 2 章　5S 现场管理检查的方法和要求

第 4 条　检查的方法

5S 现场管理检查的方法如下：

1. 各班组长每日依据“现场 5S 检查表”所列的检查内容，对本班组的工作现场进行自检，对检查中发现不符合 5S 标准的事项进行内部考核。

2. 生产车间主任每周组织一次大检查，按照“现场 5S 检查表”所列内容对各生产车间进行检查、评比打分。每周汇总，将评定结果在生产协调会上进行公布，车间根据评定结果进行整改。

3. 安全管理部经理每月组织进行一次全面性大检查，按“现场 5S 检查表”执行，检查人员为各车间主任、工艺科科长、设备科科长、安全管理科专员。

4. 每周及每月的“5S 检查”中，如发现严重不符合规范的项目，应使用照相机拍摄，并于公告栏进行曝光。检查结束后，工艺科对检查情况进行统一汇总备案。对“5S 检查”中发现的不符项反馈到相应部门，要求其整改。

第 5 条　5S 检查的要求

5S 检查的要求如下：

1. 在 5S 检查过程中，要注重细节，要从根本上改变人的观念和习惯，从而改变人的“意识死角”。

2. 要重视检查灰尘、脏污、异音、锈蚀、松动等微缺陷，防止细微之处潜藏的诸多隐患。

3. 检查过程中，必须严格按照标准执行到位，严禁应付敷衍。

4. 检查过程中，应重点检查现场员工的意识和素养。

第 3 章　整理的检查内容和要求

第 6 条　整理的检查内容

把要与不要的人、事、物分开，再将不需要的人、事、物加以处理。整理的要点是：首先对生产现场摆放和停滞的各种物品进行分类，明确现场需要的物品和现场不需要的物品；其次，对于现场不需要的物品，例如，多余半成品、垃圾、切屑、废品、多余工具、私人物品等，要坚决清理出现场。

第 7 条　整理后达到的要求

整理后应达到的要求如下：

1. 改善和增大作业面积。

2. 现场无杂物，道路畅通，提高工作效率。

3. 减少磕碰的机会，保障安全，提高质量。

4. 消除管理上的混放、混料等差错事故。

续表

制度名称	5S现场管理检查制度			受控状态	
				编　号	
执行部门		监督部门		编修部门	

5. 有利于减少库存量，节约资金。

第 4 章　整顿的检查内容和要求

第 8 条　整顿的检查内容

把需要的人、事、物加以定量、定位。通过上一步整理后，对现场需要留下的物品进行科学合理的布置和摆放，以便在最快速的情况下取得所要之物，在有效的规章制度和流程下完成工作。

第 9 条　整顿后达到的要求

整顿后应达到的要求如下：

1. 物品摆放要有固定的地点和区域，以便寻找和消除因混放而造成的差错。

2. 物品摆放要科学合理。例如，根据物品使用的频率，经常使用的物品放置于作业区域内，不常用物品集中存放。

3. 物品摆放目视化，使定量装载的物品做到过目知数，物品摆放有定位划线区域。

4. 生产现场物品的合理摆放有利于提高工作效率，提高产品质量，保障生产安全。

第 5 章　清扫的检查内容和要求

第 10 条　清扫的检查内容

把工作场所打扫干净，设备异常马上报修，使之尽快恢复正常。现场在生产过程中会产生灰尘、铁屑和垃圾等，从而使现场变脏，必须通过清扫活动来清除那些脏物，打造一个明快、舒畅的工作环境，以保证安全、优质和高效率地工作。

第 11 条　清扫后达到的要求

清扫后应达到的要求如下：

1. 自己使用的物品，如设备工具等，要自己随时清扫干净。

2. 对设备的清扫，着眼于对设备的维修保养。清扫设备需同设备的日常检查结合起来，清扫设备要同时做好设备的润滑工作。清扫也是保养。

3. 清扫也是为了改善，所以当清扫地面发现飞屑、油污时，需立即查明原因并采取措施加以改进。

第 6 章　清洁的检查内容和要求

第 12 条　清洁的检查内容

整理、整顿、清扫之后要认真维护，保持完美和最佳状态，清洁是对前三项活动的坚持与深入，从而消除发生安全事故的根源，创造一个良好的工作环境，使员工能愉快地工作。

第 13 条　清洁后达到的要求

清洁后应达到的要求如下：

1. 车间环境不仅要整齐，而且要做到清洁卫生，保证员工身体健康，增强员工劳动热情。

2. 不仅物品要清洁，而且整个工作环境要清洁，进一步消除粉尘、噪声和污染源。

3. 不仅物品、环境要清洁，而且员工自身也要做到清洁。

第 7 章　素养的检查内容和要求

第 14 条　素养的检查内容

素养活动的检查内容见表 4—4。

续表

<table>
<tr><td rowspan="2">制度名称</td><td colspan="3" rowspan="2">5S 现场管理检查制度</td><td>受控状态</td><td></td></tr>
<tr><td>编　号</td><td></td></tr>
<tr><td>执行部门</td><td></td><td>监督部门</td><td></td><td>编修部门</td><td></td></tr>
</table>

表 4—4　素养活动的检查内容表

检查内容	具体说明
日常活动	1. 企业里是否已经成立了 5S 小组 2. 全公司是否经常开展有关 5S 活动方面的交流、培训 3. 企业领导是否对 5S 很重视，并率先推行 4. 全体员工是否都非常明确实施 5S 对企业和个人的好处，对实施 5S 活动充满热情
员工行为规范	1. 是否做到举止文明 2. 能否遵守公共场所的规定 3. 是否做到工作齐心协力，团队协作 4. 是否遵守工作时间，不迟到早退 5. 大家能否友好地沟通、相处
服装仪表	1. 是否穿戴规定的工作服上岗，服装是否干净、整洁 2. 厂牌等是否按规定佩戴整齐 3. 鞋子是否干净 4. 是否勤修指甲 5. 是否勤梳头发，面部是否清洁并充满朝气

第 15 条　素养检查的作用

素养可以推行前 4S，直至成为全体员工的习惯；素养也可使每位员工严守标准，按标准作业；素养还可净化员工心灵，形成温馨明快的工作氛围。

第 8 章　附　则

第 16 条　本制度由安全管理部负责制定、修改和解释。

第 17 条　本制度经总经理审批通过后执行。

<table>
<tr><td rowspan="3">修订记录</td><td>修订标记</td><td>修订处数</td><td>修订日期</td><td>修订执行人</td><td>审批签字</td></tr>
<tr><td></td><td></td><td></td><td></td><td></td></tr>
<tr><td></td><td></td><td></td><td></td><td></td></tr>
</table>

4.2.4　5S 现场管理评比制度

<table>
<tr><td rowspan="2">制度名称</td><td colspan="3" rowspan="2">5S 现场管理评比制度</td><td>受控状态</td><td></td></tr>
<tr><td>编　　号</td><td></td></tr>
<tr><td>执行部门</td><td></td><td>监督部门</td><td></td><td>编修部门</td><td></td></tr>
</table>

第 1 章　总　　则

第 1 条　目的

为有效预防事故的发生，减少公司财产损失和人员伤亡。通过安全活动评比有针对性地提出合理可行的安全措施和建议，提高本公司的安全管理水平，特制定本制度。

第 2 条　适用范围

本制度适用于 5S 现场管理评比工作。

第 3 条　原则

1. 公正性：安全活动评比的正确与否直接涉及被评比的生产项目能否安全运行，甚至涉及整个工厂的生产经营活动能否正常进行。因此，评比人员既要防止受主观因素的影响，又要排除外界因素的干扰，避免出现不合理、不公平的评比结果。

2. 针对性：进行安全活动评比时，首先应针对被评比对象的实际情况和特征收集有关资料，对系统进行全面的分析；其次，要对众多的危险、有害因素及单元进行筛选，针对主要危险、有害因素及重要单元进行重点评比。

第 4 条　评比依据

1. 有关安全活动评比的法规及行业技术标准。

2. 本厂生产技术、工艺本身的标准和要求。

第 2 章　安全评比的组织机构

第 5 条　成立安全活动评比小组

工厂成立安全活动评比小组，由安全总监担任安全活动评估小组组长，安全部经理担任安全活动评比小组副组长。安全活动评比小组成员主要包括安全主管、安全专员及其他相关人员。

第 6 条　安全活动评比小组的职责

1. 安全活动评比小组组长职责：

（1）负责本厂安全活动评比计划的制订。

（2）审核“安全活动评比方案”及“安全活动评比报告”。

2. 安全活动评比小组副组长职责：

（1）负责组织安全活动评比工作计划的实施。

（2）审核并修订“安全活动评比方案”及“安全活动评比报告”。

3. 安全活动评比小组其他成员职责：

（1）具体实施安全活动评比工作。

（2）编制“安全活动评比方案”及“安全活动评比报告”。

（3）收集相关资料，汇总分析安全活动评比数据（如工艺参数、磨具负荷率等）。

第 3 章　安全活动评比方法

第 7 条　定性安全评比

1. 根据经验对生产系统的设备、设施、环境、人员和管理等方面的状况进行定性分析。安全评比的结果应得出的是一些定性的指标，如是否达到了某些安全指标、导致事故发生的因素等。

续表

<table>
<tr><td rowspan="2">制度名称</td><td colspan="3" rowspan="2">5S现场管理评比制度</td><td>受控状态</td><td></td></tr>
<tr><td>编　　号</td><td></td></tr>
<tr><td>执行部门</td><td></td><td>监督部门</td><td></td><td>编修部门</td><td></td></tr>
</table>

2. 定性安全评比方法有安全检查表法、专家现场询问观察法、因素图分析法、事故引发和发展分析、作业条件危险性评价法等。

第8条　定量安全评比

运用基于大量的试验结果和广泛的事故资料统计分析获得的指标或规律对生产系统的设备、设施、环境、人员和管理等方面的状况进行定量计算。安全评比的结果是一些定量指标，如事故发生的概率、事故的关联度或重要程度等。

第4章　安全活动评比内容

第9条　整理评比内容

1. 是否区分必需品和非必需品。
2. 是否清理非必需品。
3. 整理后的现场是否一目了然，标志是否明了、清楚。
4. 是否每天循环整理。

第10条　整顿评比内容

1. 是否对整顿现场进行分析。
2. 是否将整顿现场的物品进行分类。
3. 是否将整顿现场实施定置管理。

第11条　清扫评比内容

1. 是否清除了污染源。
2. 是否对地面、窗户等地方进行了彻底的清扫和破损修补。
3. 是否对机器设备进行了从里到外的、全面的清洗和打扫。

第12条　清洁评比内容

1. 是否确定了清洁的标准。
2. 是否对员工进行了教育。
3. 是否进行了整理、整顿、清扫并明确责任人定期检查。
4. 作业环境是否色彩化。

第13条　素养评比内容

1. 是否制定了相关的规章制度。
2. 是否实施员工培训。

第5章　附　　则

第14条　本制度由安全管理部负责制定、修改和解释。

第15条　本制度经总经理审批通过后执行。

<table>
<tr><td rowspan="3">修订记录</td><td>修订标记</td><td>修订处数</td><td>修订日期</td><td>修订执行人</td><td>审批签字</td></tr>
<tr><td></td><td></td><td></td><td></td><td></td></tr>
<tr><td></td><td></td><td></td><td></td><td></td></tr>
</table>

4.3　生产作业安全管理制度

4.3.1　用漫画解说制度

4.3.2　安全生产交接班制度

<table>
<tr><td rowspan="2">制度名称</td><td colspan="3" rowspan="2">安全生产交接班制度</td><td>受控状态</td><td></td></tr>
<tr><td>编　　号</td><td></td></tr>
<tr><td>执行部门</td><td></td><td>监督部门</td><td></td><td>编修部门</td><td></td></tr>
</table>

第1章　总　　则

第1条　目的

为了规范工厂生产现场连续工作岗位的交接班管理工作，提高班次交换的速度与质量，避免因交

续表

<table>
<tr><td rowspan="2">制度名称</td><td colspan="3" rowspan="2">安全生产交接班制度</td><td>受控状态</td><td></td></tr>
<tr><td>编　　号</td><td></td></tr>
<tr><td>执行部门</td><td></td><td>监督部门</td><td></td><td>编修部门</td><td></td></tr>
</table>

接班造成现场生产事故或失误，特制定本制度。

第 2 条　适用范围

本制度适用于工厂现场连续工作岗位的交接班管理工作。

第 3 条　各部门的职责划分

各部门的职责划分如下：

1. 生产部经理负责审批交接班管理制度并监督其执行情况。

2. 车间主任、调度主管负责交接班制度和计划的制订、组织以及实施工作，并监督班次交接程序，不断改进排班表。

3. 班组长负责班次交接的组织实施与管理工作，处理交接过程中发生的事件。

4. 各班组操作人员按照规定进行班次交接，完成交接任务。

第 2 章　班前会管理

第 4 条　班前会的召集规定

1. 交接班双方的值班班长、接班的全体人员必须参加，白班交接时要有一名车间领导参加。

2. 参会人员必须穿戴工作服、工作帽，严禁穿高跟鞋和带钉子的鞋。

3. 需提前 20 分钟到达开会地点，并进行点名。

第 5 条　班前会的内容

1. 交班值班班长介绍上一班的情况，包括生产情况、工艺指标、设备使用情况、异常情况及事故、目前存在的问题等。

2. 各岗位汇报班前检查情况。

3. 接班值班班长安排工作。

4. 车间领导作出具体指示。

第 3 章　接 班 管 理

第 6 条　到岗时间

接班人应提前 30 分钟到岗。

第 7 条　到岗检查项目

生产、工艺指标、设备记录、消耗物品、工器具和环境卫生等情况。

第 8 条　接班要求

经过检查没有发现问题，应及时交接班，并在操作记录上签字。

第 9 条　接班责任

岗位一切情况均由接班者负责，将上班最后一小时的数据填入操作记录中，确认工艺条件保持在最佳状态。

第 10 条　“三不接”要求

岗位检查不合格不接班；事故没有处理完不接班；交班者不在不接班。

第 4 章　交 班 管 理

第 11 条　交班前工艺要求

交班前一小时内不得任意改变负荷和工艺条件，确保生产稳定。工艺指标要控制在规定的范围内，

续表

制度名称	安全生产交接班制度			受控状态	
				编　　号	
执行部门		监督部门		编修部门	

消除生产中的异常情况。

第 12 条　交班前设备要求

设备运行正常、无损坏，无反常状况，液（油）位正常、清洁无尘。

第 13 条　原始记录要求

记录应无涂改、项目齐全、指标准确。填写巡回检查记录，生产概况、设备仪表使用情况、事故和异常情况都记录在记事本上。

第 14 条　其他要求

为下一班储备消耗物品，确保工器具安全、工作场地卫生清洁等。

第 15 条　“三不交”要求

接班者未到不交班，接班者没有签字不交班，事故没有处理完不交班。

第 16 条　“二不离开”要求

班后会不开不离开生产车间，事故分析会未开完不离开生产车间。

第 5 章　附　　则

第 17 条　本制度由安全管理部负责制定、修改和解释。

第 18 条　本制度经总经理审批通过后执行。

修订记录	修订标记	修订处数	修订日期	修订执行人	审批签字

4.3.3　作业安全标志管理制度

制度名称	作业安全标志管理制度			受控状态	
				编　　号	
执行部门		监督部门		编修部门	

第 1 章　总　　则

第 1 条　目的

为规范本厂各生产车间作业安全标志的样式，明确各种安全标志的使用方法及环境，以达到有效传递安全信息的目的，特制定本制度。

第 2 条　适用范围

本制度适用于对厂内各生产车间的作业安全标志的管理工作。

第 3 条　名词解释

安全标志，是指由安全色、几何图形和以图像为主要特征的图形符号或文字构成的标志，它能醒目而又快速地传递规定的安全信息。

第 4 条　作业安全标志的管理部门

续表

<table>
<tr><td rowspan="2">制度名称</td><td rowspan="2" colspan="3">作业安全标志管理制度</td><td>受控状态</td><td></td></tr>
<tr><td>编　　号</td><td></td></tr>
<tr><td>执行部门</td><td></td><td>监督部门</td><td></td><td>编修部门</td><td></td></tr>
</table>

生产部安全保卫科负责本厂作业安全标志的日常管理。安全标志牌应至少每半年检查一次，如发现有破损、变形、退色等问题时，生产部安全保卫科相关人员应及时修正或更换。

第 2 章　安全标志的分类和颜色

第 5 条　安全标志的分类

安全标志分为禁止标志、警告标志、指令标志和提示标志四大类。具体分类说明见表 4—5。

表 4—5　**安全标志分类一览表**

安全标志的分类	具体说明
禁止标志	◇ 表示不准或制止员工的某种行为，其基本形式是带斜杠的圆边框
警告标志	◇ 提醒员工提防可能发生的危险，其基本形式是正三角形边框
指令标志	◇ 标志必须遵守，用来强制或限制员工的行为，其基本形式是圆形边框
提示标志	◇ 提供目标所在位置与方向性的信息，其基本形式是矩形边框

第 6 条　安全标志的颜色

安全标志的颜色说明，见表 4—6。

表 4—6　**安全标志的颜色说明表**

安全标志	部位	颜色
禁止标志	带斜杠的圆边框	红色
	图像	黑色
	背景	白色
警告标志	正三角形边框、图像	黑色
	背景	黄色
指令标志	图像	白色
	背景	蓝色
提示标志	图像、文字	白色
	背景	一般提示标志用绿色，消防设备提示标志用红色

第 3 章　安全标志牌的设置和使用要求

第 7 条　安全标志牌的设置高度

安全标志牌高度的设置要求如图 4—8 所示。

续表

<table>
<tr><td>制度名称</td><td colspan="3">作业安全标志牌管理制度</td><td>受控状态</td><td></td></tr>
<tr><td></td><td colspan="3"></td><td>编　号</td><td></td></tr>
<tr><td>执行部门</td><td></td><td>监督部门</td><td></td><td>编修部门</td><td></td></tr>
</table>

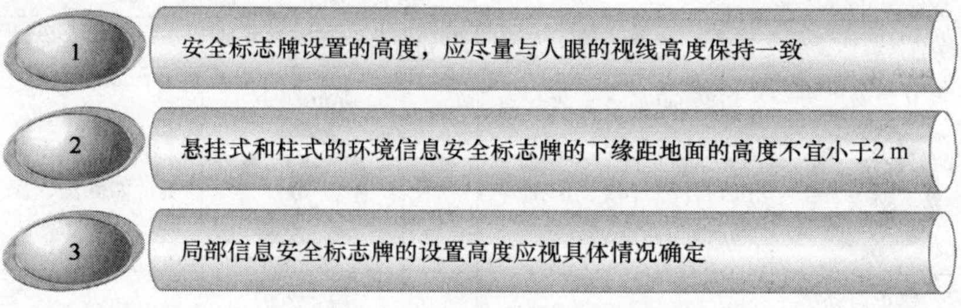

1　安全标志牌设置的高度，应尽量与人眼的视线高度保持一致

2　悬挂式和柱式的环境信息安全标志牌的下缘距地面的高度不宜小于2 m

3　局部信息安全标志牌的设置高度应视具体情况确定

图 4—8　安全标志牌高度设置要求

第 8 条　使用安全标志牌的要求

安全标志牌应设在与安全有关的醒目地方，并使员工们看到后有足够的时间来注意它所表示的内容。使用安全标志牌的要求包括以下 7 条：

1. 环境信息安全标志牌宜设在车间的入口处和醒目处。

2. 局部信息安全标志牌应设在所涉及的相应危险低点或设备（部件）附近的醒目处。

3. 安全标志牌不应设在门、窗、架等可移动的物体上，以免这些物体位置移动后看不见安全标志，安全标志牌前不得放置妨碍认读的障碍物。

4. 安全标志牌的平面与视线夹角应接近 90°，观察者位于最大观察距离时，最小夹角不低于 75°。

5. 安全标志牌应设置在明亮的环境中。

6. 多个安全标志牌在一起设置时，应按警告、禁止、指令、提示类型的顺序，先左后右、先上后下地进行排列。

7. 安全标志牌的固定方式可分为附着式、悬挂式和柱式。附着式和悬挂式安全标志牌的固定应稳固不倾斜，柱式的安全标志牌和支架应牢固地连接在一起。

第 4 章　安全标志牌的设置和尺寸

第 9 条　常用的安全标志牌的设置

常用安全标志牌的设置要求见表 4—7 所示。

表 4—7　常用安全标志牌的设置要求

序号	名称及图形符号	设置范围	序号	名称及图形符号	设置范围
1	禁止吸烟 	有丙类火灾危险物质的场所，如木工车间、油漆车间、沥青车间等	3	禁止带火种 	有甲类火灾危险物质及其他禁止带火种的各种危险场所
2	禁止烟火 	有乙类火灾危险物质的场所，如施工工地等	4	禁止用水灭火 	生产、储运、使用中有不准用水灭火的物质的场所

续表

制度名称	作业安全标志牌管理制度			受控状态	
				编　　号	
执行部门		监督部门		编修部门	

序号	名称及图形符号	设置范围	序号	名称及图形符号	设置范围
5	禁止放易燃物	具有明火设备或高温的作业场所，如动火区，各种焊接、切割等场所	12	禁止跳下	不允许跳下的危险场所，如深沟、深池等
6	禁止启动	暂停使用的设备附近，如设备检修、更换零件等	13	禁止入内	易造成事故或人员有伤害的场所，如高压设备室、各种污染源等入口
7	禁止合闸	设备或线路检修时，相应开关附近	14	禁止停留	对人员具有直接危害的场所，如粉碎场地、危险路口、桥口等处
8	禁止转动	检修或专人定时操作的设备附近	15	禁止通行	有危险的作业场所，如起重、爆破现场，道路施工工地等
9	禁止触摸	禁止触摸的设备或物体附近，如裸露的带电体，炽热物体，具有毒性等	16	禁止靠近	不允许靠近的危险区域，如高压试验区、高压线、输变电设备附近
10	禁止跨越	不宜跨越的危险地段，如专用的运输通道、皮带运输线等	17	禁止乘人	乘人易造成伤害的设施，如室外运输吊篮、外操作载货电梯框架等
11	禁止攀登	不允许攀爬的危险场所，如有坍塌危险的建筑物、构筑物、设备旁	18	禁止堆放	消防器材存放处、消防通道及车间主通道等

续表

制度名称	作业安全标志牌管理制度			受控状态	
				编　　号	
执行部门		监督部门		编修部门	

序号	名称及图形符号	设置范围	序号	名称及图形符号	设置范围
19	禁止抛物 	抛物易伤人的场所，如高处作业现场、深沟（坑）等	26	当心爆炸 	易发生爆炸危险的场所，如易燃、易爆物质的生产、储运等场所
20	禁止戴手套 	戴手套易造成手部伤害的作业场所，如旋转的机械加工设备附近	27	当心腐蚀 	有腐蚀性物质的作业场所
21	禁止穿化纤服装 	有静电火花导致灾害或有触电危险的作业场所	28	当心中毒 	剧毒品及有毒物质的生产、储运及使用场所
22	禁止穿带钉鞋 	有静电火花会导致灾害或有触电危险的作业场所	29	当心感染 	易发生感染的场所，如有害生物制品的生产场所
23	禁止饮用 	禁止饮用水的开关处，如循环水、工业用水、污染水等	30	当心触电 	有可能发生触电危险的电气设备和线路，如配电室、开关等
24	注意安全 	警告标志中没有规定的易造成人员伤害的场所及设备等	31	当心电缆 	在暴露的电缆或地面下有电缆处施工的场所
25	当心火灾 	易发生火灾的危险场所，如可燃性物质的生产、储运、使用等场所	32	当心机械伤人 	易发生机械卷入、轧压、碾压、剪切等机械伤害的作业场所

续表

制度名称	作业安全标志牌管理制度			受控状态	
				编　　号	
执行部门		监督部门		编修部门	

序号	名称及图形符号	设置范围	序号	名称及图形符号	设置范围
33	当心伤手	易造成手部伤害的作业场所，如玻璃制品、木制加工车间等	40	当心弧光	由于弧光造成眼部伤害的各种焊接作业场所
34	当心扎脚	易造成脚部伤害的作业场所，如铸造车间及有尖角散料的场所	41	当心塌方	有塌方危险的地段、地区，如堤坝及土方作业的深坑、深槽等
35	当心吊物	有吊装装备作业的场所，如施工工地、港口、仓库、车间等	42	当心冒顶	具有冒顶危险的作业场所，如矿井、隧道等
36	当心坠落	易发生坠落事故的作业场所，如脚手架、高处平台等	43	当心自动启动	配有自动启动装置的设备
37	当心落物	易发生落物危险的作业场所，如高处作业、立体交叉作业的下方等	44	当心电离辐射	能产生电离辐射危害的作业场所
38	当心坑洞	具有坑洞易造成伤害的作业场所，如构件的预留孔洞上方等	45	当心裂变物质	具有裂变物质的作业场所，如使用车间、储运仓库、容器等
39	当心烫伤	具有热源易造成伤害的作业场所，如冶炼、铸造、热处理车间等	46	当心激光	有激光设备或激光仪器的作业场所

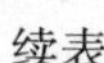

续表

制度名称	作业安全标志牌管理制度			受控状态	
				编　号	
执行部门		监督部门		编修部门	

序号	名称及图形符号	设置范围	序号	名称及图形符号	设置范围
47	当心微波 	凡微波场强超过 GB 10436—1989 规定的作业场所	54	必须戴防尘口罩 	具有粉尘的作业场所，如纺织车间、粉状物料拌料车间
48	当心车辆 	厂内车、人混合行走的路段，道路的拐角处、平交路口	55	必须戴护耳器 	噪声超过 85 dB 的作业场所，如铆接车间、风动掘进工作面等处
49	当心火车 	厂内铁路与道路平交路口，铁道进入厂内的场所	56	必须戴安全帽 	头部易受外力伤害的作业场所，如矿山、建筑工地等
50	当心滑倒 	地面有易造成伤害的滑跌地点，如：地面有油、冰、水等物质及滑坡处	57	必须戴防护帽 	易造成人体碾绕头发伤害或有粉尘污染头部的作业场所
51	当心跌落 	易于跌落的地点，如：楼梯、台阶等	58	必须戴防护手套 	易伤害手部的作业场所，如有腐蚀、污染及触电危险的作业场所
52	必须戴防护眼镜 	对眼睛有伤害的作业场所，如机械加工、各种焊接、切割车间等	59	必须穿防护鞋 	易伤害脚部的作业场所，如具有腐蚀、触电等危险的作业场所
53	必须戴防毒面具 	具有对人体有害的气体、气溶胶、烟尘等作业场所	60	必须系安全带 	易发生坠落危险的作业场所，如高处建筑、修理、安装等场所

续表

制度名称	作业安全标志牌管理制度			受控状态	
				编　　号	
执行部门		监督部门		编修部门	

序号	名称及图形符号	设置范围	序号	名称及图形符号	设置范围
61	必须穿救生衣	易发生溺水的作业场所，如船舶、海上工程结构物等	64	紧急出口	便于安全疏散的紧急出口处
62	必须穿防护服	具有放射、微波、高温及其他需穿防护服的作业场所	65	可动火区	经有关部门划定的可使用明火的场所
63	必须加锁	剧毒品、危险品库房等场所	66	避险处	铁路桥、公路桥、矿井及隧道内躲避危险的场所

第 10 条　常用的安全标志牌的尺寸

当观察的距离不同时，各种形状的安全标志牌也应该有不同的尺寸，以便标志更醒目，更好地起到警示的作用，减少事故和伤害的发生。不同的距离条件下的安全标志牌的尺寸对照，见表 4—8。

表 4—8　　安全标志牌的尺寸对照表（单位：m）

序号	观察距离 L	圆形标志的外径	三角形标志的外边长	正方形标志的边长
1	$0<L\leqslant 2.5$	0.070	0.088	0.063
2	$2.5<L\leqslant 4.0$	0.110	0.142	0.100
3	$4.0<L\leqslant 6.3$	0.175	0.220	0.160
4	$6.3<L\leqslant 10.0$	0.280	0.350	0.250
5	$10.0<L\leqslant 16.0$	0.450	0.560	0.400
6	$16.0<L\leqslant 25.0$	0.700	0.880	0.630
7	$25.0<L\leqslant 40.0$	1.110	1.400	1.000

注：允许有 3%的误差。

续表

制度名称	作业安全标志牌管理制度			受控状态	
				编　　号	
执行部门		监督部门		编修部门	

第5章　附　　则

第11条　本制度由生产部安全保卫科负责制定、修改和解释。

第12条　本制度经总经理审批通过后执行。

修订记录	修订标记	修订处数	修订日期	修订执行人	审批签字

4.3.4　作业过程安全巡检制度

制度名称	作业过程安全巡检制度			受控状态	
				编　　号	
执行部门		监督部门		编修部门	

第1章　总　　则

第1条　目的

为了通过作业过程安全巡检，及时发现和消除安全隐患，防止安全事故的发生，改善作业环境，确保安全生产，特制定本制度。

第2条　适用范围

本制度适用于本厂生产作业过程中的安全巡检管理工作。

第3条　名词解释

安全生产巡检，是指安全员对生产过程及安全管理中可能存在的隐患、危险因素、缺陷等进行查证，以确定隐患或危险因素、缺陷的存在状态，以及它们引发事故的条件，以便制定整改措施，消除隐患和危险因素，确保生产安全。

第2章　安全员巡查岗位职责

第4条　安全员是安全巡检主要执行人，要认真执行巡检制度，贯彻落实上级领导的安全生产方针和政策，严格按照安全规章制度和5S现场管理的要求监督检查，对车间安全管理进行指导和监督。

第5条　安全员至少每天上午两次（7：50～9：50，10：20～11：20）、下午两次（1：50～3：50，4：20～5：20），每天不少于6小时深入车间进行巡检，发现问题及时处理，并且在巡检完成的基础上做好环境、职业健康安全体系文件资料的延续，具体落实跟踪。

第6条　安全员在现场工作时必须保证公平、公正，对违章者一视同仁，处理问题有理有据。

第7条　安全员对检查发现的问题要及时填写“问题通知单”并送达到各班组，跟踪相关班组对问题的整改、反馈情况，复查并关闭问题通知单。

第8条　对发现的习惯性违章、操作性违章、装置性违章等应立即予以纠正，并根据情况依照规定对违章人员进行教育、处罚、曝光，对野蛮作业、违章操作人员进行教育后仍不听劝阻的上报领导作出严肃处理，保证公司安全生产处于可控、在控状态。

续表

<table>
<tr><td rowspan="2">制度名称</td><td colspan="3" rowspan="2">作业过程安全巡检制度</td><td>受控状态</td><td></td></tr>
<tr><td>编　　号</td><td></td></tr>
<tr><td>执行部门</td><td></td><td>监督部门</td><td></td><td>编修部门</td><td></td></tr>
</table>

第 9 条　安全员要根据每月出现的问题进行汇总、分析，并对多发问题提出改进方案，报公司会议讨论后进行下发执行。

第 3 章　安全员巡检内容

第 10 条　巡检作业人员是否树立了“安全第一”的思想，安全责任心是否足够强。安全责任心强弱的具体表现主要从以下三个方面体现：

1. 作业人员是否掌握了安全操作技能，并自觉遵守安全技术操作规程及各种安全生产制度。
2. 对于不安全的行为是否敢于纠正和制止，是否严格遵守劳动纪律，是否做到确保安全。
3. 作业人员是否正确、合理穿戴和使用个人防护用品、用具等。

第 11 条　巡检有关安全生产的方针政策和法规制度的执行情况，具体内容如下：

1. 巡检该班组是否贯彻了国家有关安全生产的方针政策和法规制度，对安全生产工作的认识是否正确。
2. 巡检是否建立和执行了班组安全生产责任制。
3. 巡检是否贯彻执行了安全生产“五同时”，对伤亡事故是否坚持做到了“四不放过”。
4. 巡检特种作业人员是否经过培训、考核，持证上岗，班组的各项安全规章制度是否建立、健全，并得到严格的贯彻执行。

第 12 条　巡检生产现场是否存在物品的不安全隐患，具体巡检项目见表 4—9。

表 4—9　生产现场巡检内容

巡检项目	具体说明
巡检设备的安全防护装置是否良好	◇ 防护罩、防护栏（网）、保险装置、连锁装置、指示报警装置等是否齐全、灵敏有效，接地（接零）是否完好
巡检设备、设施、工具、附件是否有缺陷	◇ 制动装置是否有效，安全间距是否符合要求，机械强度、电气线路是否老化、破损，起重吊具与绳索是否符合安全规范要求，设备是否带“病”运转和超负荷运转
巡检易燃易爆物品和剧毒物品的储存、运输、发放和使用情况	◇ 是否严格执行了相关规章制度，通风、照明、防火等是否符合安全要求
巡检生产作业场所和施工现场有哪些不安全因素	◇ 有无安全出口，登高扶梯、平台是否符合安全标准，产品的堆放、工具的摆放、设备的安全距离、操作者安全活动范围、电气线路的走向和距离是否符合安全要求，危险区域是否有防护栏和明显的安全标志等

第 13 条　作业人员在生产过程中是否存在不安全行为，具体巡检项目见表 4—10。

续表

制度名称	作业过程安全巡检制度			受控状态	
				编　　号	
执行部门		监督部门		编修部门	

表 4—10　　作业人员的巡检项目

巡检项目	具体说明
巡检有无忽视安全技术操作规程的现象	◇ 操作无依据，没有安全指令，人为地损坏安全装置或弃之不用，冒险进入危险场所，对运转的机械装置进行注油、检查、维修、焊接和清扫等
巡检有无违反劳动纪律的现象	◇ 在工作时间嬉戏打闹，精神不集中，脱岗、睡岗、串岗 ◇ 滥用机械设备或车辆
巡检日常生产中有无误操作、误处理的现象	◇ 在运输、起重、维修等作业时信号不清，警报无反应 ◇ 对重物、高温、高压、易燃、易爆物品等作了错误处理 ◇ 使用了有缺陷的工具、器具、起重设备等
巡检作业人员劳动防护用品的穿戴和使用情况	◇ 进入工作现场是否正确穿戴防护服、帽、鞋、面具、眼镜、手套、口罩、安全带等 ◇ 电工、电焊工等电气操作者是否穿戴过期绝缘防护用品，使用过期或报废防毒面具等

第 4 章　设置安全巡检表

第 14 条　“安全巡检表”的作用

通过“安全巡检表”可以一目了然地看到各生产班组在作业过程中存在的安全隐患。同时，为日后的隐患整改提供依据。

第 15 条　“安全巡检表”的格式

通常情况下，“安全巡检表”中应包括检查项目或检查点、检查标准、检查结果、处理情况、检查人和检查日期。“安全巡检表”具体格式可根据各生产车间的实际情况设置。

第 5 章　附　　则

第 16 条　本制度由安全管理部负责制定、修改和解释。

第 17 条　本制度经总经理审批通过后执行。

修订记录	修订标记	修订处数	修订日期	修订执行人	审批签字

4.3.5 安全隐患检查管理制度

<table>
<tr><td rowspan="2">制度名称</td><td rowspan="2" colspan="3">安全隐患检查管理制度</td><td>受控状态</td><td></td></tr>
<tr><td>编　　号</td><td></td></tr>
<tr><td>执行部门</td><td></td><td>监督部门</td><td></td><td>编修部门</td><td></td></tr>
</table>

第 1 章　总　　则

第 1 条　目的

为及时对安全隐患进行检查，并对所发现的安全隐患进行整改，消除安全隐患，实现安全生产，特制定本制度。

第 2 条　适用范围

本制度适用于对本厂各类安全隐患检查管理工作。

第 2 章　安全隐患检查的形式和方法

第 3 条　安全隐患检查形式

安全隐患检查主要有定期检查、日常检查、突击检查、交叉检查（互查）四种形式。

第 4 条　安全隐患检查方法

安全隐患检查的方法主要是"一看、二闻、三听、四访谈、五测量"，具体说明见表 4—11。

表 4—11　　安全检查的方法

方法	具体说明
看	◇ 查看作业现场人员操作、设备运行等情况，及早发现事故隐患
闻	◇ 作业现场有无异常气味或刺鼻气味，若有异常应立即寻找根源并进行处理
听	◇ 听设备有无异常声响、异常噪声
访谈	◇ 与员工交谈，了解员工的思想
测量	◇ 采用仪器仪表（如设备无损检测仪、气体浓度检测仪等）对设备内部缺陷、作业环境条件等进行测量

第 3 章　安全隐患检查的步骤和内容

第 5 条　安全隐患检查步骤

安全隐患检查可以分为三大步骤，具体说明如图 4—9 所示。

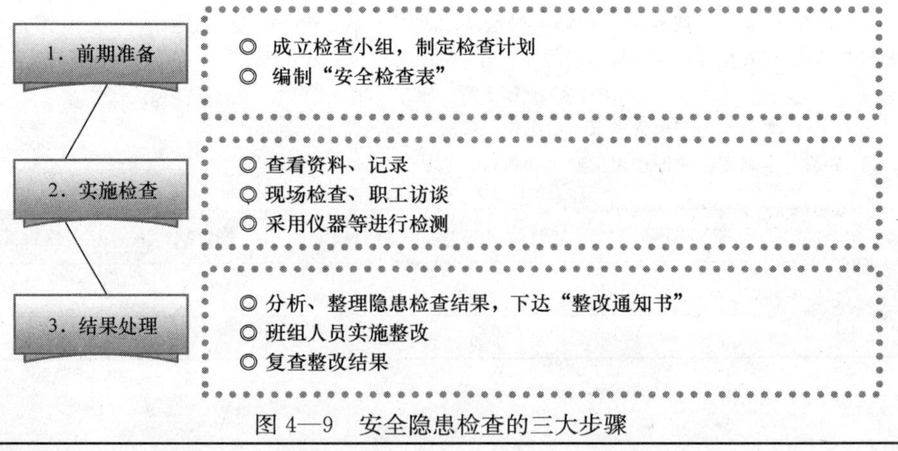

图 4—9　安全隐患检查的三大步骤

续表

制度名称	安全隐患检查管理制度			受控状态	
				编　　号	
执行部门		监督部门		编修部门	

第6条　安全隐患检查内容

安全隐患检查的具体内容，见表4—12。

表4—12　　安全隐患检查内容

内容	详细说明
规章制度的落实与执行情况	是否落实安全责任制
	是否严格执行岗位安全操作规程
	是否定期开展安全教育、培训，并实施考核
	交接班制度是否严格执行
	班前会、班中会、班后会是否正常召开
	班组、岗位是否有应急预案，并开展应急预案演练
	事故处理是否遵守“四不放过”原则
	是否定期开展安全活动，如安全技能竞赛等
	是否定期检查防护用品，及时淘汰不合格的用品
生产现场的安全管理	发现隐患能否立即处理
	操作卡片、工艺卡片是否齐全有效
	班组是否推行先进有效的安全管理方法，如标准化作业、“5S”现场管理、定置管理等
	员工能否养成良好作业习惯，工具分类摆放整齐、严格遵守各项规章
各类记录是否准确、及时、完整	安全会议记录、设备运行情况检查记录、设备设施维修记录、班组安全检查记录
各类档案是否分类、便于查找	如事故处理台账、隐患整改台账等

第4章　大力推行“三检制”安全检查

第7条　“三检制”安全检查含义

“三检制”即在班组生产的班前、班中、班后进行安全检查。

1. 班前检查是了解、消除作业中的隐患，做到心中有数。

2. 班中检查是发现隐患，将事故扼杀在萌芽状态。

3. 班后检查是清理现场，不留隐患。

第8条　“三检制”安全检查内容（如图4—10所示）

续表

制度名称	安全隐患检查管理制度			受控状态	
				编　　号	
执行部门		监督部门		编修部门	

班前检查	◇ 班组成员的精神面貌、身体状况是否良好 ◇ 防护用品有无破损、失效情况 ◇ 防护用品是否穿戴正确 ◇ 设备设施各部件是否有效、可靠 ◇ 工具、用具是否齐全完好 ◇ 安全附件是否有效 ◇ 安全通道是否保持畅通
班中检查	◇ 作业人员是否有违章操作，发现违章行为应立即制止、纠正 ◇ 各项安全措施是否落实 ◇ 设备环境是否良好，如空气质量、地面整洁情况是否良好等
班后检查	◇ 确保设备处于断电停机状态 ◇ 熄灭火源，不留下火灾隐患 ◇ 将易燃易爆物品妥善处理 ◇ 工具、物料分类摆放整齐 ◇ 成品与半成品等分开摆放 ◇ 清除作业留下的残渣

图 4—10 “三检制”安全检查的内容

第 5 章　对作业人员的安全隐患检查

第 9 条　查思想

1. “安全第一，预防为主”的原则是否牢记心中。
2. 是否遵守劳动纪律，是否执行操作规程。
3. 是否执行安全责任制，是否保证安全防护措施到位。
4. 发现隐患是否及时改正，出现事故是否“四不放过”。

第 10 条　查操作

1. 查操作旋转机床等设备时是否按规定不戴手套。
2. 查清除铁屑等操作时是否采用专用工具。
3. 查使用砂轮机时是否站在砂轮侧面。
4. 查对机械装置进行注油、检查、修理、焊接和清扫时是否先停机。
5. 查是否冒险进入危险场所。

第 11 条　查纪律

作业人员应遵守劳动纪律，不得在工作时间开玩笑、打闹、精神不集中、脱岗、睡岗、串岗、滥用机械设备或车辆等。

续表

<table>
<tr><td>制度名称</td><td colspan="3" rowspan="2">安全隐患检查管理制度</td><td>受控状态</td><td></td></tr>
<tr><td></td><td>编　　号</td><td></td></tr>
<tr><td>执行部门</td><td></td><td>监督部门</td><td></td><td>编修部门</td><td></td></tr>
</table>

第12条　查防护用品的使用

1. 进入现场，应按规定正确穿戴好防护服、帽、鞋、眼镜、手套、口罩、防毒面具等个人防护用品。

2. 电工、电焊工等电气操作者应佩戴合格的绝缘防护用品。

3. 在有危害健康的气体、粉尘产生的场所作业，应佩戴防毒防尘用品。

4. 进入易燃易爆场所作业，应穿防静电服和防静电鞋。

5. 在有腐蚀性物质的环境下作业（如接触硫酸、重铬酸钾等）者，应佩戴耐酸（碱）手套、鞋等防护用品。

第6章　设备设施的检查

第13条　查运行

1. 查制动装置是否有效。

2. 查各机械部件安装是否牢固，防止出现飞出物、坠落物伤人，如未夹紧的刀片飞出伤人等。

3. 查手柄、开关、控制按钮是否处于正确位置。

4. 查电气线路是否老化、破损。

5. 查设备运行是否正常，若有异常，如运转抖动，异常噪声等，要及时停机，进行检查，向上级反映，确保设备不带病、不超负荷运行。

第14条　查防护设备

1. 查齿轮啮合、皮带传送、联轴器等传动机构的部位是否加防护装置。

2. 查有物件、碎屑、液体飞出的机器是否装防护罩、防护栏（网）等。

3. 查可能造成机器伤害（如绞伤、挤压等）的机器是否装有保险装置、安全连锁装置、报警装置，并确保其齐全可靠。例如，磨削机械、冲压机床等是否有安全连锁装置。

4. 带电设备接地（接零）应良好。

第15条　查维护

1. 查设备是否定期进行加油、清洁等维护保养工作。

2. 查设备检修时是否切断电源，挂上“设备检修，禁止合闸”等标志。

3. 查设备保养记录是否齐全、规范、真实。

第7章　作业环境的检查

第16条　物品堆放

1. 产品、工具的摆放应分类分区；物品不堆高放置，长物体应放倒摆置。

2. 器具、磨具等摆放要安全、稳妥；杂物定点放置且摆放要整洁。

3. 消防器材应摆放在容易看到且易于取用的位置。

第17条　安全标识

危险区域、有毒有害作业场所、易燃易爆生产场所、立体交叉作业场所、高处作业场所、特种作业场所等要有醒目的安全标志，且标志悬挂要正确。

第18条　地面

地面应干净，无杂物、废水、油污等；安全通道应畅通无阻，标线清楚。

第19条　职业危害因素

职业危害因素产生的场所与说明，见表4—13。

续表

制度名称	安全隐患检查管理制度			受控状态	
				编　　号	
执行部门		监督部门		编修部门	

表 4—13　　职业危害因素及其说明

职业危害因素产生的场所	说明
有毒气、粉尘产生的车间	◇ 产生危害的设备应布置在车间的下风侧，并保证通风良好，防尘防毒设施运转良好
高温、热辐射或低温作业的车间	◇ 应有隔温或相应防寒措施；对高温作业者，还应供应清凉饮料和含盐分的饮料
有噪声、振动危害的车间	◇ 采取防止噪声、振动传播的措施，将噪声控制在相关的标准范围内
有辐射产生的工作场所	◇ 要有防辐射措施，如设置防辐射墙，作业人员穿戴防辐射服等

第 20 条　采光与通风

1. 采光应良好，照明设施应完好，无弱光区、眩光区。
2. 通风应良好，不出现通风死角。

第 8 章　附　　则

第 21 条　本制度由安全管理部负责制定、修改和解释。

第 22 条　本制度经总经理审批通过后执行。

修订记录	修订标记	修订处数	修订日期	修订执行人	审批签字

4.4　生产安全问题处理制度

4.4.1　用漫画解说制度

4.4.2　生产安全问题改善制度

<table>
<tr><td rowspan="2">制度名称</td><td rowspan="2" colspan="3">生产安全问题改善制度</td><td>受控状态</td><td></td></tr>
<tr><td>编　　号</td><td></td></tr>
<tr><td>执行部门</td><td></td><td>监督部门</td><td></td><td>编修部门</td><td></td></tr>
</table>

第 1 章　总　　则

第 1 条　目的

为及时发现生产中的安全隐患，并得以有效改善，不断提高企业安全管理能力，完善安全战略决策机制，优化安全资源配置，整合安全管理体系与政策，特制定本制度。

第 2 条　适用范围

本制度适用于企业生产安全问题的改善工作。

第 3 条　相关注释

1. 生产安全问题改善制度，是指针对生产安全问题和安全事故，通过落实责任部门、责任人的方法，查清问题原因、总结经验教训、制定防范措施、防止重复发生、实现闭环管理的问题管理制度。

2. 坚持“原因分析不清不放过、责任人员未处理不放过、整改措施未落实不放过、有关人员未受到教育不放过”（简称为“四不放过”）的原则和“专业负责，分级管理”的原则。

第 2 章　各部门及人员职责

第 4 条　各部门职责

公司各部门职责见表 4—14。

表 4—14　　各部门职责一览表

部门名称	主要职责
技术部	负责生产部生产（含设备管理、检修管理、技术管理等）问题的改善，并负责生产部生产问题改善的归口管理
安全管理部	负责生产部安全监督管理、环境保护、人身安全、劳动作业环境、交通、防火等安全问题的改善，并负责生产部安全问题改善的归口管理
质量保证部	负责生产部质量管理、体系运行管理等安全问题的改善
行政部	负责生产部培训管理、人事管理、后勤管理等安全问题的改善

续表

制度名称	生产安全问题改善制度		受控状态	
			编　　号	
执行部门		监督部门	编修部门	

第5条　各级人员的岗位职责

各级人员的岗位职责如下：

1. 总经理负责生产部安全生产问题改善方案的审定。

2. 安全管理部经理负责组织生产部安全生产问题改善方案的制定与实施。根据事故调查组或专家及部门意见，按权限批准重大问题的改善。

3. 生产部经理协助安全管理部经理组织生产部安全生产问题改善方案的制定与实施，并对有关技术问题负责。根据事故调查组或专家及部门意见，按权限批准重大技术问题的改善。

4. 生产车间主任负责分管范围内的安全生产问题的改善，当分管部门为牵头部门时，协调跨部门问题的改善工作。

5. 各生产班组组长对本班组职责范围内的问题的改善负责：负责将本班组职责范围内的安全问题改善工作的落实并具体到责任人，并负责本班组职责范围内的安全问题改善方案的审核及报请领导审批。

第3章　生产安全问题的改善

第6条　安全问题级别及分级改善原则

1. 安全问题按其严重程度分为事故（特大、重大和一般）、障碍（一类和二类）、异常（一类和二类）和差错四个等级。

2. 凡构成事故、障碍的事件，要由安全管理部改善，其中重特大事故，安全管理部还要按国家有关规定和集团公司的事故调查规程及相关规定执行。

3. 凡构成人身事故的未遂和轻伤的事件，必须由各生产车间改善并报安全管理备案；异常及以下级安全事件由各生产班组改善。

第7条　安全问题的改善条件

安全问题的改善条件如下：

1. 有正式的事故（事故）报告。

2. 事故（事件）原因清楚。

3. 有对事故（事件）责任和领导的处理意见。

4. 有防止类似事故（事件）重复发生的防范措施并明确完成时间、完成单位、完成人、验收人。

5. 事故（事件）责任者和应受教育者确实受到教育。

第8条　发现安全问题的角度

只有从特定的角度出发，才能更快、更有效地发现安全问题，具体见表4—15。

表4—15　　发现安全问题的角度

角度	说明
从软件方面发现问题	◇找出被查班组安全生产管理制度、标准化建设、规范化管理等方面存在的与上级的规定和实际工作不相适应的地方及问题
从工作岗位上发现问题	◇找出被查班组或个人在劳动纪律、到岗到位、执行制度等方面存在的不足或问题

续表

<table>
<tr><td rowspan="2">制度名称</td><td colspan="3" rowspan="2">生产安全问题改善制度</td><td>受控状态</td><td></td></tr>
<tr><td>编　　号</td><td></td></tr>
<tr><td>执行部门</td><td></td><td>监督部门</td><td></td><td>编修部门</td><td></td></tr>
</table>

角度	说明
从设备、设施上发现问题	◇了解被查班组现有设备维修、保养现状，找出存在的隐患或问题
从生产组织上发现问题	◇找出被查班组在工艺布置、人员安排、资源利用、环境保护和生产组织等一系列方面存在的不足或问题
从作业现场及管理上查找或发现问题	◇通过对被查班组的生产现场抽查，查找或发现现场管理上存在的隐患或问题
从综合的调查分析中发现问题	◇通过对被查班组的生产安全、管理措施等方面问题的综合调查，分析该班组在某些方面存在的隐患或问题，科学地掌握致险原因、危险程度、可能危害和应对措施
从科学的检测上查找或发现问题	◇运用既有的科学检测手段，对生产现场进行全方位的检测和解析，发现或判定某个系统存在的隐患或问题

第 9 条　安全问题改善的程序

安全问题改善的程序如下：

1. 具备改善条件的事故（事件），由各班组或生产车间向安全管理部上报完整的事故报告，并附带文字性的改善请示。

2. 安全管理部进行结案的事故，由主管部门负责归口管理。有关岗位提出改善意见，部门主管提出审核意见，主管项目领导批准。

3. 班组级安全问题在班组内自行改善，改善结果每月报安全管理部备案一次。各生产车间主任要定期抽查各班组生产问题的改善情况，并进行记录和通报。

第 4 章　附　则

第 10 条　本制度由安全管理部负责制定、修改和解释。

第 11 条　本制度经总经理审批通过后执行。

<table>
<tr><td rowspan="3">修订记录</td><td>修订标记</td><td>修订处数</td><td>修订日期</td><td>修订执行人</td><td>审批签字</td></tr>
<tr><td></td><td></td><td></td><td></td><td></td></tr>
<tr><td></td><td></td><td></td><td></td><td></td></tr>
</table>

4.4.3 员工违章操作处罚制度

制度名称	员工违章操作处罚制度			受控状态	
				编　　号	
执行部门		监督部门		编修部门	

第1章　总　　则

第1条　为认真贯彻本厂“安全第一，预防为主，综合治理”的方针，全面落实安全生产责任制，加大反违章操作力度，杜绝违章操作事故的发生，确保人身、设备及财产的安全，特制定本制度。

第2条　违章管理范围及对象

1. 违章操作处罚范围：本公司范围内所有员工。

2. 违章操作处罚对象：生产过程中，不注意安全、冒险作业、违章操作行为以及违章指挥行为。

第2章　安全生产违章管理原则

第3条　采取教育与惩罚相结合的原则，即根据违章性质采取制止、纠正、教育、警告、罚款等手段。

第4条　安全管理部根据“安全生产检查制度”规定，对生产现场进行巡查。安全管理人员将对违章操作人员进行相应处理，并作日常安全检查记录，以备日后查阅，相关人员必须配合。

第5条　违章罚款单开出后，需告知违章操作人员，由违章操作人员签名确认，并交行政部执行。如违章操作人员无故拒不签名，可按不服从管理论处。

第6条　安全管理人员及各级管理人员必须以事实为依据，公正处理。

第7条　违章操作人员如认为处罚不当，可以书面形式向公司安全管理检查小组进行申述，由安全管理检查小组进行最终裁定。

第3章　违章处罚规定

第8条　有下列行为之一，未造成不良后果，班组长、安全管理人员及以上相关管理人员有义务制止、教育并纠正，有权进行教育、警告：

1. 进入作业现场不正确穿戴防护服、帽、鞋、面具、眼镜、手套、口罩、安全带等。

2. 在工作时间相互嬉戏打闹，精神不集中等行为。

3. 滥用机械设备或车辆，如将手动叉车当滑板车使用。

有以上行为的员工，对警告、教育敷衍了事，不积极改正的，班组长、安全管理人员及以上相关管理人员皆获授权对行为人罚款人民币____元。

第9条　有下列行为之一的，发现一次，班组长、安全管理人员及以上相关管理人员皆获授权直接对行为人罚款人民币____元：

1. 操作可导致重大伤害事故的大功率旋转机床时，戴手套、未扣袖口、衣襟敞开、戴围巾、戴领带、长发披肩或外露。

2. 操作特种设备（设施）超速、超温、超负荷运行。

3. 厂内机动车辆（电动、柴油叉车）行驶时违反规定载人或超载货物。

4. 调整、检修、清扫设备时未切开电源或测量工件时未停止设备运作。

5. 操作冲、剪、压设备，用脚踏开关控制的，手进入危险区域作业时，脚没离开脚踏开关。

6. 攀登吊运中的物体或在吊运物体下行走。

7. 检修电气设备（设施）时未停电、验电、接地及挂警示牌操作。

8. 发现隐患未及时排除或上报，冒险作业。

续表

<table>
<tr><td>制度名称</td><td colspan="3">员工违章操作处罚制度</td><td>受控状态</td><td></td></tr>
<tr><td></td><td colspan="3"></td><td>编　　号</td><td></td></tr>
<tr><td>执行部门</td><td></td><td>监督部门</td><td></td><td>编修部门</td><td></td></tr>
</table>

9. 危险作业未设置警戒区或未挂警示牌等，安全措施不落实。

10. 高空作业时未系安全带，随意向下抛掷物品、工具，使用高空作业平台时，未将支撑脚打开支撑牢，未设置安全警示牌。

11. 在易有坠落物体下方作业时，未戴安全帽。

12. 在情况不明时，开启或关闭动力源（电、气、油等）。

13. 机械运行时，不停机私自离开工作岗位。

14. 将危险物品随意摆放或危险化学品不做任何标示和警示。

15. 违反吊机安全操作规程及“十不吊”。

16. 身为管理人员，发现违章作业不制止、不采取措施。

第 10 条　有下列行为之一的，尚未造成不良后果，发现一次，根据性质，班组长、安全管理人员及以上相关管理人员皆获授权对行为人罚款人民币____元：

1. 不服从上司或安全管理人员的管理或经批评教育拒不改正。

2. 严重违反危险化学品使用管理制度。

3. 在禁火区域未按规定办理“动火作业证”、违章明火作业、吸烟。

4. 故意拆除或破坏设备的安全照明、信号、仪器、仪表、防火防爆装置和各种警示装置。

第 11 条　对屡犯不改，抗拒安全管理者，安全管理部将建议各生产车间将该名员工调离原岗位，情节严重者将建议公司予以解雇。

第 4 章　附　　则

第 12 条　本制度由生产部负责制定、修改和解释。

第 13 条　本制度经厂长审批通过后执行。

<table>
<tr><td rowspan="3">修订记录</td><td>修订标记</td><td>修订处数</td><td>修订日期</td><td>修订执行人</td><td>审批签字</td></tr>
<tr><td></td><td></td><td></td><td></td><td></td></tr>
<tr><td></td><td></td><td></td><td></td><td></td></tr>
</table>

4.4.4　安全隐患整改管理制度

<table>
<tr><td>制度名称</td><td colspan="3">安全隐患整改管理制度</td><td>受控状态</td><td></td></tr>
<tr><td></td><td colspan="3"></td><td>编　　号</td><td></td></tr>
<tr><td>执行部门</td><td></td><td>监督部门</td><td></td><td>编修部门</td><td></td></tr>
</table>

第 1 章　总　　则

第 1 条　目的

为了规范公司安全隐患整改管理工作，防范公司安全事故的发生，确保安全生产的有序进行，特制定本制度。

续表

制度名称	安全隐患整改管理制度			受控状态	
				编　　号	
执行部门		监督部门		编修部门	

第 2 条　适用范围

本制度适用于公司安全隐患整改的管理工作。

第 3 条　职责分工

1. 各部门、车间按照整改程序对各自管辖范围内的安全隐患进行排查和整改管理。

2. 安全管理部负责隐患排查的管理和监控，并监督各部门、车间安全隐患的整改工作。

第 2 章　一般安全隐患整改程序

第 4 条　一般安全隐患整改方案的提出

1. 在进行日常、季节、综合安全检查时，安全管理部要根据检查时出现的各类问题提出一般安全隐患的整改方案。

2. 安全管理部编制的整改方案应涉及以下四项内容：

(1) 详细描述安全隐患的主要现状，以及该隐患可能引起的安全问题。

(2) 规定安全隐患的整改期限和整改目标，以及实施一般安全隐患整改措施所需资金。

(3) 应对整改责任的权限进行划分，即明确安全整改的主要责任部门和主要责任人。

(4) 安全隐患整改的具体措施，即如何对安全隐患进行整改，预防类似隐患的再次出现。

第 5 条　一般安全隐患整改方案的受理

1. 安全管理部须将整改方案交总经理审核。

2. 经过审核后，总经理组织安全部、生产部或其他相关人员编制安全整改措施计划，并进行审查。

第 6 条　一般安全隐患整改方案的落实

1. 对于一般事故隐患，安全管理部应下达“安全隐患整改通知书”，确定隐患整改项目方案、执行负责人、投入资金数量、完成日期等内容。

2. 整改部门根据“安全隐患整改通知书”安排整改人员执行整改方案。

3. 整改过程中安全部门应经常监督检查整改管理工作，包括生产前安全教育，生产过程中的安全检查监督，生产完工的质检验收工作，并做好记录存档。

4. 整改完成后，由整改部门填写“安全隐患整改通知书回执单”，并及时反馈至安全管理部，申请进行整改项目验收工作。

第 7 条　整改项目的验收

1. 安全管理部组织成立整改项目验收小组，依据相关法律、法规、标准编制验收方案。

2. 验收小组依据验收方案进行现场验收，并出具验收意见。对于验收中的不同意见需要记录在案，项目需要多数人表决通过。

第 8 条　整改评价

一般安全隐患整改项目评价由公司组成评价小组进行评价，并出具合理评价报告。

第 3 章　特殊安全隐患整改程序

第 9 条　重大安全隐患整改方案的提出

1. 在进行重大安全隐患排查时，安全管理部负责制定对已发现的重大安全隐患的整改方案，并对安全隐患整改过程进行监督和控制。

续表

制度名称	安全隐患整改管理制度			受控状态	
				编　　号	
执行部门		监督部门		编修部门	

2. 发现重大安全隐患问题时，安全管理部应根据安全隐患的具体问题制定相应的整改方案，但提出整改方案的时限最多不得超过____天。

3. 在重大安全整改方案中，安全管理部必须明确规定以下内容：

（1）重大安全隐患的整改期限。

（2）重大安全隐患整改的详细措施和目标等。

（3）在重大安全隐患整改过程中，整改责任人和监督人应承担的责任。

（4）落实各项整改措施所需的资金预算和物资保障。

（5）对危害特别大、涉及范围特别广的安全隐患应制定事故应急救援预案。

第 10 条　重大安全隐患整改方案的受理

1. 安全管理部应将整改方案交总经理审核。

2. 经过审核后，总经理须委托专业技术部门或安全服务公司编制安全整改措施计划方案。

3. 公司无力解决的重大事故隐患，除采取有效防范措施外，应书面向公司的直接主管部门和当地政府部门报告。

第 11 条　重大安全隐患整改方案的落实

1. 安全管理部根据整改方案确定整改项目负责人，并确定整改小组成员。

2. 安全管理部按照国家“四定”（定整改措施、定负责人、定资金来源、定完成期限）的要求，完成隐患整改工作。

3. 整改部门根据“重大隐患整改通知书”安排人员执行整改方案。

4. 对物质、技术暂时不具备整改条件的重大隐患，安全管理部必须采取防范措施，并纳入整改计划，限期解决或停产。

5. 整改过程中安全管理部应经常监督检查整改管理工作，包括生产前安全教育，生产过程中的安全检查监督，生产完工的质检验收工作，并记录在案。

第 12 条　整改验收

1. 公司总经理委托具备资质的安全事务公司或政府相关部门进行安全隐患整改验收。

2. 验收报告按法定程序交政府相关部门备案。

第 13 条　整改评价

重大安全隐患整改项目评价应委托具有资质的安全事务公司进行评价。

第 4 章　安全隐患整改的奖惩

第 14 条　奖励条件

对认真执行上级安全生产方针政策和公司颁布的各项安全生产制度，有效防止安全隐患发生的部门和个人，有下列情况之一的，应给予适当奖励：

1. 制止违章指挥、违章操作，避免安全事故发生者。

2. 及时发现或消除重大安全事故隐患，避免重大事故发生者。

3. 对生产安全工作和其他方面作出特殊贡献者。

第 15 条　奖励程序

根据安全隐患整改情况，公司应按照合理程序对相应班组和个人进行奖励，具体程序如下：

续表

<table>
<tr><td rowspan="2">制度名称</td><td colspan="3" rowspan="2">安全隐患整改管理制度</td><td>受控状态</td><td></td></tr>
<tr><td>编　　号</td><td></td></tr>
<tr><td>执行部门</td><td></td><td>监督部门</td><td></td><td>编修部门</td><td></td></tr>
</table>

1. 安全生产先进班组和个人，由车间汇总材料上报部门经理审核后报安全管理部，经审核后报安全生产领导小组通过。

2. 先进车间、部门、科室由安全管理部提出意见，交安全生产小组讨论，审议通过。

3. 对奖励条件中的有关人员和部门的奖励，由车间和部门提出，经安全管理部门审查，报公司领导批准。

第 16 条　惩罚条件

有图 4—11 所示情形之一者应予以惩罚：

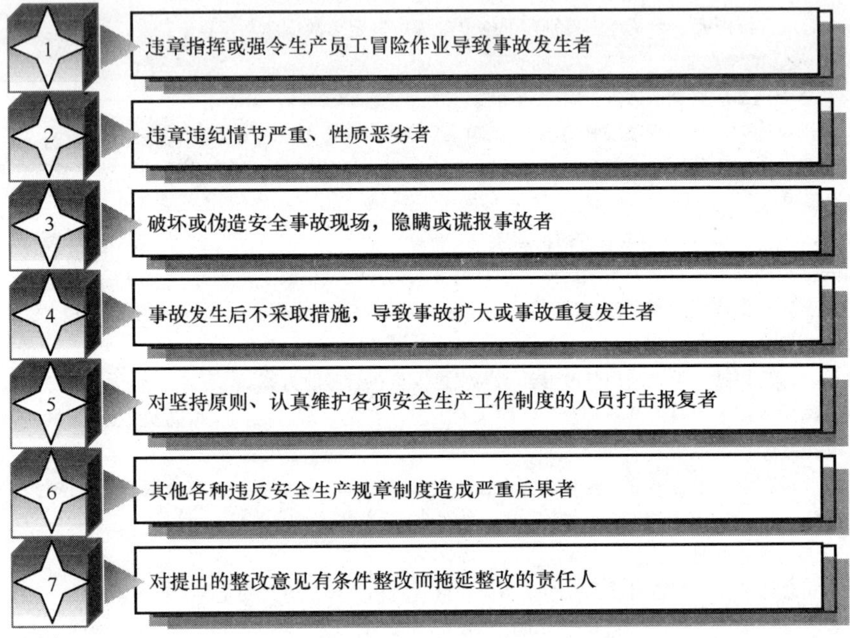

图 4—11　惩罚条件

第 17 条　惩罚类型及金额

1. 一般安全隐患惩罚根据安全危害程度和损失情况、责任大小，可处以罚款____～____元、赔偿损失的____%～____%、降低工资、扣除奖金、没收押金等。

2. 重大安全隐患惩罚根据安全危害程度和损失情况、责任大小可处以警告、辞退警告、降职、降级、留用察看、辞退等。

3. 性质特别严重、情节恶劣，触犯刑律者，追究法律责任。

第 18 条　惩罚程序

1. 一般安全隐患惩罚由有关部门提出，报分管副总经理批准后执行。

2. 重大安全隐患惩罚由有关部门提出，按企业有关规定，参照任命程序，报有关领导批准后执行。

续表

<table>
<tr><td rowspan="2">制度名称</td><td colspan="3" rowspan="2">安全隐患整改管理制度</td><td>受控状态</td><td></td></tr>
<tr><td>编　号</td><td></td></tr>
<tr><td>执行部门</td><td></td><td>监督部门</td><td></td><td>编修部门</td><td></td></tr>
<tr><td colspan="6">第 5 章　附　则
第 19 条　本制度由安全管理部负责制定、修改和解释。
第 20 条　本制度自报总经理核准通过后，颁布执行。</td></tr>
</table>

<table>
<tr><td rowspan="3">修订记录</td><td>修订标记</td><td>修订处数</td><td>修订日期</td><td>修订执行人</td><td>审批签字</td></tr>
<tr><td></td><td></td><td></td><td></td><td></td></tr>
<tr><td></td><td></td><td></td><td></td><td></td></tr>
</table>

第5章

班组危险作业管理制度

5.1 危险作业管理制度

5.1.1 漫画解说操作人员“六个严格遵守”

1. 严格进行交接班。

2. 严格进行巡回检查。

3. 严格控制工艺指标。

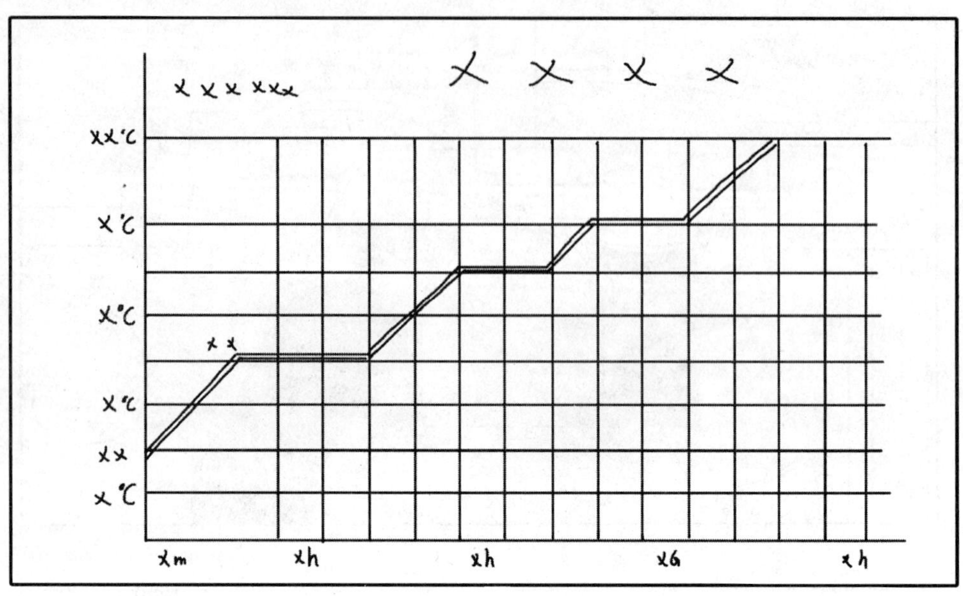

制造号：××× ××					××年××月××日	
序号	图号	名称	计划	打压	入库	备注
1	××××	××××	××××	××××	××××	
2	××××	××××	××××	××××	××××	
3	××××	××××	××××	××××	××××	××××
4	××××	××××	××××	××××	××××	
5	××××	××××	××××	××××	××××	
6	××××	××××	××××	××××	××××	××××
7	××××	××××	××××	××××	××××	
8	××××	××××	××××	××××	××××	××××
9	××××	××××	××××	××××	××××	
10	××××	××××	××××	××××	××××	

4. 严格执行操作票。

在危险场所动火作业必须取得作业许可!

没有办理进入有限空间作业票，不得进入罐内!

5. 严格遵守劳动纪律。

严禁脱岗!

严禁睡岗和酒后上岗!

睡岗、酒后上岗是严重的违章行为!

禁止酒后上岗

6. 严格执行有关安全规定。

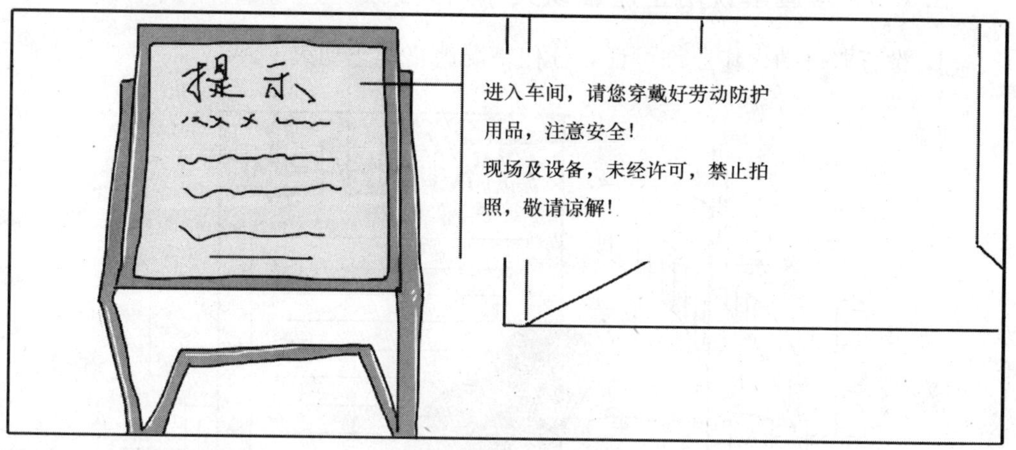

5.1.2 漫画解说防止违章动火“六大禁令”

1. 没有取得动火作业许可证，任何情况严格禁止动火。

2. 不与生产系统可靠隔绝，严格禁止动火。

3．不按时做动火分析，严格禁止动火。

4．不达到清洗、置换合格标准，严格禁止动火。

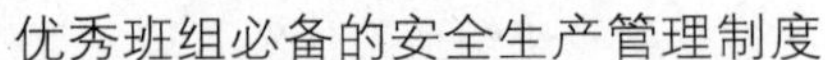

5. 不把周围易燃物清除，严格禁止动火。

6. 没有消防措施、无人监护，严格禁止动火。

5.1.3　漫画解说受限空间作业“八个必须”

1. 必须申请，并得到批准。

2. 必须进行安全隔绝。

3. 必须进行置换、通风。

4. 必须按时间要求，进行安全分析。

5．必须佩戴规定的防护用具。

6．必须在容器外有人监护。

7. 监护人员必须坚守岗位。

监护人员必须坚守岗位

8. 必须有抢救设备和措施。

必须有抢救设备和措施

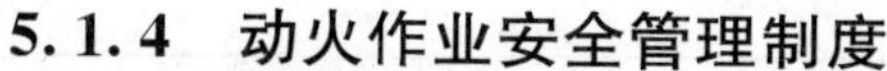

5.1.4　动火作业安全管理制度

<table>
<tr><td rowspan="2">制度名称</td><td colspan="3" rowspan="2">动火作业安全管理制度</td><td>受控状态</td><td></td></tr>
<tr><td>编　　号</td><td></td></tr>
<tr><td>执行部门</td><td></td><td>监督部门</td><td></td><td>编修部门</td><td></td></tr>
</table>

第 1 章　总　　则

第 1 条　目的

为了落实公司“预防为主、防消结合”的消防安全工作方针，控制动火作业的风险，将火灾事故发生的可能性降为零，特制定本制度。

第 2 条　适用范围

本制度适用于公司动火作业现场的安全管理。

第 3 条　术语解释

动火作业，是指在厂区内进行焊接、切割、加热、打磨以及在禁火场所和禁火设施上进行能直接或间接产生明火的施工作业。

第 4 条　管理职责

1. 安全管理部是作业安全管理的归口部门，负责本制度的制定与监督执行。

2. 动火作业部门应遵照本制度要求进行动火作业，并对因动火作业而发生的消防事故负有直接责任。

第 2 章　动火作业前的准备

第 5 条　动火作业的分类

公司内的动火作业分为三级：

1. 一级动火作业，是指在公司内易燃、易爆场所内进行的动火作业。

2. 二级动火作业，是指在公司内，除易燃、易爆场所外，作业部门或作业承包方进行的临时性动火作业。

3. 三级动火作业，是指在公司规定允许的动火区域内进行的长期性动火作业。

第 6 条　“动火作业许可证”申请

动火作业部门应在动火作业前编制“动火作业申请”，向安全管理部申请办理“动火作业许可证”。申请内容应包括动火作业区域、作业内容、作业时间、作业等级以及安全防护措施和设施的准备情况。

第 7 条　动火作业审批

安全主管应认真审批“动火作业申请”，并须实地了解动火作业场所的施工环境及相关安全设施的配备情况，严格执行“动火证”的审批过程。

第 8 条　“动火作业许可证”的使用规定

动火作业人员在动火作业时必须随身携带“动火证”，一项目一证，不准多用和重复使用。

第 9 条　“动火证”的取消

当作业条件发生变化时，安全管理员及现场监护人员均有权暂停动火作业，并取消“动火证”的许可，避免发生安全事故。

第 3 章　动火作业规定

第 10 条　动火作业要求

动火作业应遵循以下 9 点要求：

1. 动火作业前必须办理“动火作业许可证”。

2. 所有容器、设备、管道等装置，必须在动火作业前进行清洗、置换，检查合格后，方可动火作业。

续表

<table>
<tr><td>制度名称</td><td colspan="3" rowspan="2">动火作业安全管理制度</td><td>受控状态</td><td></td></tr>
<tr><td></td><td>编　　号</td><td></td></tr>
<tr><td>执行部门</td><td></td><td>监督部门</td><td></td><td>编修部门</td><td></td></tr>
</table>

3. 高空进行动火作业时，其垂直下部地面____ m内如有外露的可燃物、易燃气/液体管道、电缆沟等，应采取移走、排空、遮盖等措施，以防火花溅落引发消防事故。

4. 拆除封闭空间时，必须先查明其内部气体构成及其结构，确定无消防隐患后再进行动火作业。

5. 在地面进行动火作业，动火点附近____ m内如有外露的可燃物、易燃气/液体管道、电缆沟等，应根据现场的具体情况采取相应安全防护措施。

6. 动火作业必须有专人监护，并保证消防设施完好、齐备。

7. 动火作业前，应检查仪器、仪表、作业工具等，保证安全可靠。

8. 使用气焊、割动火作业时，氧气瓶与乙炔气瓶间距不小于____ m，二者与动火作业地点均不小于____ m，并不准在烈日下暴晒。

9. 动火作业完毕，应清理现场，确认无残留火种后，方可离开。

第11条　动火作业禁止事项

1. 无“动火作业许可证”或“动火作业许可证”未经批准不得上岗。

2. 动火作业区内不准吸烟。

3. 与动火作业无关人员不准进入。

4. 动火作业期间不准做与作业无关事情。

5. 动火作业前不准饮用含酒精饮料或服用神经性药物。

6. 不准带病上岗。

7. 不准使用易燃溶剂擦洗设备、用具和衣物。

8. 不按规定穿戴劳动防护用品，不准进入作业区域。

9. 安全装置不齐全的设备不准使用。

10. 不准在设施、设备、管道等出现老化、锈蚀等情况下作业。

11. 高处动火作业，安全措施不完善不准开始作业。

12. 天气恶劣情况下不得进行室外动火作业，风速超过____ m/s时，不得进行高空作业。

13. 无安全监护人员在场不得开始作业。

14. 通风条件不善或密闭环境下，持续动火作业不得超过____ h。

第12条　动火作业完工检查

动火作业完工后，应由作业人员与监护人员依次做好完工检查工作，具体要求如下：

1. 动火作业完工后，应首先由作业人员进行现场清理及工具回收，并检查现场是否有可燃物遗留、阀门是否关紧以及电源是否安全切断等。

2. 动火作业监护人员在作业人员撤离后必须认真检查现场，确认无火灾隐患后方可离开。

第4章　附　　则

第13条　本制度由安全管理部制定、修改及执行。

第14条　本制度经总经理批准后开始执行。

<table>
<tr><td rowspan="3">修订记录</td><td>修订标记</td><td>修订处数</td><td>修订日期</td><td>修订执行人</td><td>审批签字</td></tr>
<tr><td></td><td></td><td></td><td></td><td></td></tr>
<tr><td></td><td></td><td></td><td></td><td></td></tr>
</table>

5.1.5　受限空间作业安全管理制度

<table>
<tr><td rowspan="2">制度名称</td><td colspan="3" rowspan="2">受限空间作业安全管理制度</td><td>受控状态</td><td></td></tr>
<tr><td>编　号</td><td></td></tr>
<tr><td>执行部门</td><td></td><td>监督部门</td><td></td><td>编修部门</td><td></td></tr>
</table>

第1章　总　　则

第1条　目的

为加强进入受限空间作业的安全管理，防止发生缺氧、中毒窒息和火灾爆炸事故，保证作业人员生命和企业财产安全，根据国家相关安全法规，结合公司实际，特制定本制度。

第2条　受限空间与受限空间作业的界定

1. 受限空间是指作业受到限制的空间，一般是指炉、塔、釜、罐、仓、槽车、管道、烟道、隧道、下水道、沟、坑、井、池、涵洞等通风不良、容易造成有毒有害气体积聚和缺氧的设备、设施和场所。

2. 受限空间作业是指进入或探入生产区域的受限空间进行的作业。

第2章　受限空间作业许可

第3条　受限空间作业安全的基本要求

受限空间作业实施作业许可管理，作业前应办理“进入受限空间作业许可证”。

第4条　“进入受限空间作业许可证”办理程序

1. 进入受限空间作业的负责人，应持有作业单，到受限空间所属车间办理“进入受限空间作业许可证”。

2. 受限空间所属安全人员负责填写“进入受限空间作业许可证”，根据作业现场情况，组织作业负责人等有关人员落实安全措施，进行危害识别，安排对受限空间内的可燃气体、氧气、有毒气体的浓度进行分析，指派作业监护人，并与监护人一起对作业条件逐项检查、确认，负责向作业人员交底。

3. “危害识别”一栏由安全人员负责填写，即针对作业内容对设备进行危害识别，并对“受限空间作业许可证”有关安全措施逐条确认，并将补充措施填入相应栏内并确认。

4. 受限空间所属车间领导，对作业程序和安全措施进行确认后，签发“进入受限空间作业许可证”。

5. 进入受限空间作业完工后，由受限空间所属车间安全人员组织作业负责人进行完工验收，合格后分别在“完工验收”一栏中签名。

6. 进入危险性较大的受限空间内作业时，要采取特殊预防措施，“进入受限空间作业许可证”要经公司主管安全生产的领导审查、批准，安全管理部派人到现场监督检查。

第5条　“进入受限空间作业许可证”的管理

1. “进入受限空间作业许可证”由作业单位负责办理。

2. “进入受限空间作业许可证”所列项目应逐项填写，安全措施栏应填写具体的安全措施。

3. 清洗、置换、盲断、通风等工作由受限空间所在工序负责，并在“进入受限空间作业许可证”上的“受限空间所在单位负责项目栏”中填写相关内容和确认签字。

4. 负责进入受限空间作业的单位在“进入受限空间作业许可证”中的“作业单位负责项目栏”中填写相关内容和确认签字。

5. “进入受限空间作业许可证”应由受限空间所在单位负责人审批。

6. 同一处受限空间、同一作业内容办理一张“进入受限空间作业许可证”，当受限空间工艺条件、作业环境条件改变时，应重新办理“进入受限空间作业许可证”。

续表

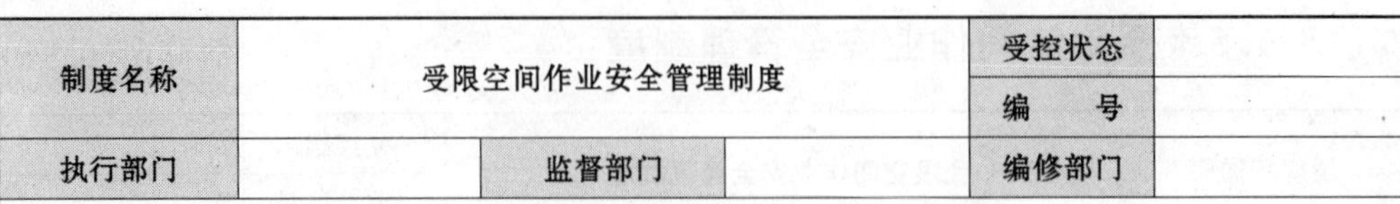

制度名称	受限空间作业安全管理制度			受控状态	
				编　　号	
执行部门		监督部门		编修部门	

第3章　受限空间作业相关各方的职责

第6条　受限空间所在单位职责

1. 操作人员严格按操作规程进行受限空间的清洗、置换、隔绝、盲断、通风等工作，并落实相关措施，确认后签字。

2. 受限空间所在单位当班班长以上管理负责人，检查各项安全措施的落实情况后在"负责人"一栏签字确认。

第7条　作业负责人的职责

1. 对受限空间作业安全负全面责任。

2. 在受限空间作业环境、作业方案和防护设施及用品达到安全要求后，可安排人员进入受限空间作业。

3. 在受限空间及其附近发生异常情况时，应停止作业。

4. 检查、确认应急准备情况，核实内外联络及呼叫方法。

5. 对未经允许试图进入或已经进入受限空间者进行劝阻或责令退出。

第8条　作业监护人的资格与职责

1. 作业监护人应熟悉作业区域的环境和工艺情况，有判断和处理异常情况的能力，熟悉急救知识。

2. 作业监护人在作业人员进入受限空间作业前，负责对安全措施落实情况进行检查，发现安全措施不落实或安全措施不完善时，有权提出拒绝作业。

3. 作业监护人应清点出入设备作业的人数，并与作业人员确定联络信号，在出入口处保持与作业人员的联系，严禁离岗。当发现异常情况时，应及时制止作业，并立即采取救护措施。

4. 作业监护人应随身携带"进入受限空间作业许可证"，并负责保管。

5. 作业监护人在作业期间，不得离开现场或做与监护无关的事。

第9条　作业人员职责

1. 持有经审批同意的、有效的"进入受限空间作业许可证"方可施工作业。

2. 在作业前应充分了解作业的内容、地点（位号）、时间、要求，熟知作业中的危害因素和"进入受限空间作业许可证"中的安全措施。

3. "进入受限空间作业许可证"所列的安全防护措施经过落实确认，且监护人同意后，方可进入设备内作业。

4. 对违反本制度的强令作业，安全措施不落实、作业监护人不在场等情况时，作业人员有权拒绝作业，并向上级报告。

5. 应服从作业监护人的指挥，禁止携带作业器具以外的物品进入设备。如发现作业监护人不履行职责时，应立即停止作业。

6. 在作业中如发现情况异常或感到不适和呼吸困难时，应立即向作业监护人发出信号，迅速撤离现场，严禁在有毒、窒息环境中摘下防护面罩。

第10条　审批人员的职责

1. 审查"进入受限空间作业许可证"的办理是否符合要求。

2. 到现场了解受限空间内外情况。

3. 督促检查各项安全措施的落实情况。

续表

<table>
<tr><td>制度名称</td><td colspan="3" rowspan="2">受限空间作业安全管理制度</td><td>受控状态</td><td></td></tr>
<tr><td></td><td>编　　号</td><td></td></tr>
<tr><td>执行部门</td><td></td><td>监督部门</td><td></td><td>编修部门</td><td></td></tr>
</table>

第4章　受限空间作业安全措施

第11条　安全隔绝

1. 在进入受限空间进行作业时，必须将设备上所有与生产系统连通的管道、孔洞与外界有效隔离，将设备上与外界连接的电源有效切断。

2. 管道安全隔绝可采用插入盲板或拆除一段管道进行隔绝，严禁使用水封或阀门等代替盲板或拆除管道，盲板的加装及拆除应形成记录。

3. 受限空间带有搅拌器等用电设备时，电源切断可采用取下电源保险熔丝或将电源开关拉下后上锁等措施，并加挂警示牌，在切断电源时应按规定办理断电票证。

第12条　必须进行清洗和置换

受限空间作业前，应根据受限空间盛装（过）的物料的特性，对受限空间进行清洗或置换，并达到下列要求：

1. 氧含量18%～21%。

2. 有毒气体（物质）浓度应符合国家相关规定的要求。

3. 可燃气体浓度：当被测气体或蒸气的爆炸下限大于等于4%时，其被测浓度不大于0.5%（体积百分数）；当被测气体或蒸气的爆炸下限小于4%时，其被测浓度不大于0.2%（体积百分数）。

第13条　必须确保受限空间内的通风

作业前应采取措施，保持受限空间内空气良好流通：

1. 打开设备上的所有人孔、手孔、料孔、风门、烟门等与大气相通的设施进行自然通风；必要时，可采取强制通风。

2. 采用管道空气送风时，送风前必须对管道内介质和风源进行分析确认，同时禁止向受限空间充氧气或富氧空气。

第14条　必须定时监测

1. 作业前30分钟内，必须对受限空间内气体采样分析，分析合格后方能按程序办理“进入受限空间作业许可证”后进入。

2. 要求采样点必须有代表性，采样过程中，容积较大的受限空间，应采取上、中、下各部位取样。

3. 所有分析数据必须以公司指定分析人员（质检部或分析室）确认的设备分析数据为准。分析人员在“进入受限空间作业许可证”中确认签字。

4. 作业中应加强定时监测，至少每2小时监测一次，如监测分析结果有明显变化，则应加大监测频率；作业中断超过30分钟应重新进行监测分析，对可能释放有害物质的受限空间，应连续监测。情况异常时应立即停止作业，撤离人员，经对现场处理，并取样分析合格后方可恢复作业。

5. 涂刷具有挥发性溶剂的涂料时，应做连续分析，并采取可靠通风措施。

6. 采样人员深入或探入受限空间采样时应采取本制度第15条规定的个体防护措施。

第15条　个体防护措施

受限空间经清洗或置换不能达到第12条的要求时，应采取相应的个体防护措施方可作业：

1. 在缺氧、有毒环境中，应佩戴隔离式防毒面具，如空气呼吸器或长管呼吸器。

2. 在易燃易爆受限空间作业时，必须使用防爆型低压灯具及不发生火花的工具，应穿防静电工作服、工作鞋。

续表

<table>
<tr><td rowspan="2">制度名称</td><td colspan="3" rowspan="2">受限空间作业安全管理制度</td><td>受控状态</td><td></td></tr>
<tr><td>编　号</td><td></td></tr>
<tr><td>执行部门</td><td></td><td>监督部门</td><td></td><td>编修部门</td><td></td></tr>
</table>

3. 在有酸碱等腐蚀性介质的受限空间作业时，应穿戴好防酸碱工作服、工作鞋、手套等护品。

4. 必要时作业人员应拴带救生绳和信号绳。

5. 在产生噪声的受限空间作业时，应佩戴耳塞或耳罩等防噪声护具。

第 16 条　照明和用电安全

1. 受限空间照明电压应小于等于 36 V，在潮湿容器、狭小容器内作业电压应小于等于 12 V。

2. 使用超过安全电压的手持电动工具作业或进行电焊作业时，应配备漏电保护器。在潮湿容器中，作业人员应站在绝缘板上，同时保证金属容器接地可靠。

3. 临时用电应办理用电手续，临时用电线路装置应按规定架设和拆除，线路绝缘应保证良好。

第 17 条　对监护的要求

1. 受限空间作业，在受限空间外应设有专人监护。由受限空间所属部门指派责任心强、熟悉作业现场环境的人员进行监护。

2. 进入受限空间前，监护人应会同作业人员检查安全措施的落实情况并统一联系信号。

3. 险情重大的受限空间内作业，应增设监护人员并能随时与受限空间内作业人员取得联系。

4. 监护人员不得脱离岗位，不得做与作业无关的事，在作业前应会同作业负责人、作业人员对要求的安全措施进行落实。并应掌握受限空间作业人员的人数和身份，对人员和工器具进行清点。

5. 抢救时，救护人员必须做好自身防护方能进入受限空间内。

第 18 条　其他安全措施要求

1. 在受限空间作业时应在受限空间外设置安全警示标志。

2. 受限空间出入口应保持畅通。

3. 多工种、多层交叉作业应采取互相之间避免伤害的措施。

4. 作业人员不得携带与作业无关的物品进入受限空间，作业中不得抛掷材料、工器具等物品。

5. 受限空间外应备有空气呼吸器（氧气呼吸器）或长管呼吸器、消防器材和清水等相应的应急用品。

6. 严禁作业人员在有毒、窒息环境下摘下防毒面具。

7. 难度大、劳动强度大、时间长的受限空间作业应采取轮换作业。

8. 在受限空间进行高处作业应按“高处作业安全规程”的规定进行，应搭设安全梯或安全平台。

9. 在受限空间进行动火作业应按“动火作业安全规程”的规定进行。

10. 作业前后应清点作业人员和作业工器具。作业人员离开受限空间作业点时，应将作业工器具带出。

11. 作业结束后，由受限空间所在单位和作业单位共同检查受限空间内外，确认无问题后方可封闭受限空间。

第 5 章　附　　则

第 19 条　公司安全管理部为受限空间作业的归口监管部门，公司所属各单位应严格按本规程进行受限空间作业管理。

第 20 条　本制度由公司安全管理部负责修订、解释。

<table>
<tr><td rowspan="3">修订记录</td><td>修订标记</td><td>修订处数</td><td>修订日期</td><td>修订执行人</td><td>审批签字</td></tr>
<tr><td></td><td></td><td></td><td></td><td></td></tr>
<tr><td></td><td></td><td></td><td></td><td></td></tr>
</table>

5.2　危险作业操作禁令制度

5.2.1　漫画解说起重设备“十不吊”

1. 指挥信号不明或乱指挥不吊。

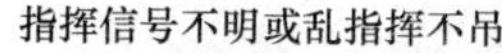

2. 吊物重量不明或超负荷不吊。

3. 散物捆扎不牢或物料装放过满不吊。

4. 吊物上面有人不吊。

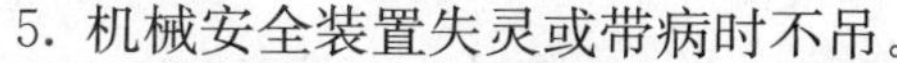
5. 机械安全装置失灵或带病时不吊。

6. 工件埋在地下不吊。

7. 现场光线不明看不清起落点不吊。

8. 斜拉斜牵不吊。

9．棱角物件没有保护措施不吊。

10．六级以上强风或天气恶劣不吊。

5.2.2 漫画解说登高作业“十不登”

1. 患有登高禁忌证者，如患有高血压、心脏病、贫血、癫痫等的工人，不登高。

2. 无人监护，不登高。

3. 没戴安全帽，没系安全带，不扎紧裤管，不登高。

4. 暴雨、大雪、大雾、六级以上大风时，露天不登高。

5. 脚手架、跳板不牢，不登高。

6. 梯子撑脚无防滑措施、不穿防滑鞋，不登高。

7. 不得攀爬井架、龙门架、脚手架登高，不能乘坐非载人的垂直运输设备登高。

8. 携带笨重物件，不登高。

9. 高压线旁无遮拦，不登高。

10. 光线不充足或夜间照明不足，不登高。

5.2.3　漫画解说电气作业“十二不准”

1. 非持证电工不准装接电气设备。

2. 任何人不准玩弄电气设备和开关。

3. 破损的电气设备应及时调换，不准使用绝缘损坏的电气设备。

4. 不准在爆炸和火灾危险场所接临时线路。

5. 电气作业现场，无专人监护不准动工作业。监护人不准做与监护无关的事情。

6. 不准违规使用大功率电热设备或用灯泡取暖。

7. 设备检修切断电源时，任何人不准启动挂有警告牌的电气设备，或合上拔去的熔断器。

8. 不准用水冲洗或用潮湿抹布清理电气设备。

9. 熔断丝熔断时，不准调换容量不符的熔丝。

10. 不办任何手续，不准在埋有电缆的地方进行打桩和动土。

11. 发现有人触电，应立即切断电源进行抢救，未脱离电源前不准直接接触触电者。

12. 雷雨天气，不准接近避雷器和避雷针。

5.2.4　漫画解说焊接作业“十不焊割”

1. 无特种作业操作证不焊割。

2. 雨天露天作业无可靠安全措施不焊割。

3. 装过易燃易爆及有害物品的容器，未彻底清洗、未进行可燃气体深度检测不焊割。

4. 在容器内工作无 12 V 低压照明和通风不良不能焊割。

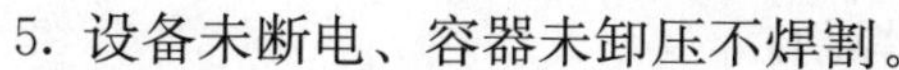

5. 设备未断电、容器未卸压不焊割。

6. 作业区周围有易燃易爆物品，未消除干净不焊割。

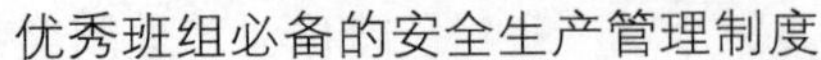

7. 焊体性质不清、火星飞向不明不焊割。

8. 焊接设备安全附件不全或失效不焊割。

9. 锅炉、容器等设备内无专人监护，无防护措施不焊割。

10. 禁火区内未办理动火手续和未采取措施不焊割。

5.2.5 带电作业安全管理制度

<table>
<tr><td rowspan="2">制度名称</td><td colspan="3" rowspan="2">带电作业安全管理制度</td><td>受控状态</td><td></td></tr>
<tr><td>编　　号</td><td></td></tr>
<tr><td>执行部门</td><td></td><td>监督部门</td><td></td><td>编修部门</td><td></td></tr>
</table>

第1章　总　　则

第1条　为规范电工作业人员的带电作业，确保作业人员的人身安全，杜绝触电事故的发生，根据国家相关法规要求，特制定本制度。

第2条　本制度适用于公司所有带电作业和电工作业人员。

第2章　电工作业人员的安全职责

第3条　认真学习和遵守电气安全技术操作规程，不违章作业，不冒险蛮干，拒绝违章指挥。

第4条　各项作业前，穿戴好相应劳动防护用品，落实安全措施，申请安全作业许可证，检查工具、仪器是否完好。

第5条　任何电器未经检查，一律视为有电，严禁用手触摸。

第6条　电气设备维修，必须先停车、切断电源，并挂上"禁止合闸"警示牌后方可作业。

第7条　认真做好用电、维修记录，对容易导致事故发生的重点部位进行经常性监督、检查。

第8条　当值班人员接到上级领导的停电命令时，必须明确停电线路与停电目的。操作完毕后必须检查所停电线路是否与电源断开，认真填写记录，挂好停电警示牌。

第9条　接到送电命令时，先检查命令与正在停电的线路一致，方可摘掉警示牌，执行送电命令。送电时，应先合刀闸，再合空气开关，最后合接触器。执行完毕后，应挂送电警示牌，并检查开关到位，最后填写记录。

第3章　电工作业安全操作规程

第10条　未经安全培训或安全考试不合格，电工作业人员严禁上岗。

第11条　电工作业人员必须持电气作业许可证上岗。

第12条　不准酒后上班，更不可班中饮酒，必须坚守工作岗位。

第13条　上岗前，必须穿戴好劳动防护用品，否则不准许上岗。

第14条　检修电气设备时，参照有关技术流程，如不了解该设备规范注意事项，不允许私自操作。

第15条　严禁在电线上搭晒衣服和各种物品。

第16条　正确使用电工工具，所有绝缘工具，应妥善保管，并应定期检查、校验。

第17条　当有高于人体安全电压存在时严禁带电作业进行维修。

第18条　高处带电作业时，应系好安全带。

第19条　电气检修、维修作业及危险工作严禁无监护人员单独作业。

第4章　电工作业安全管理制度

第20条　电工作业前，穿好工作服、扎紧衣袖口、穿上绝缘鞋，不准穿凉鞋、拖鞋、背心、短裤进入工作场地。

第21条　电工作业前，认真检查焊钳线是否绝缘，机壳是否接地，工作场地周围是否有易燃物体和水。

第22条　在防火区和防火管道上动火，首先检查是否具备动火条件，是否采取防火措施。

第23条　要坚持每日巡回检查制度，对漏电掉闸装置、电气设备，尤其是移动和手持电动工具、照明灯、拖地电缆线，定时进行巡查、排除不安全因素，经验收符合安全要求后方可交付使用。电气设备应进行定期维修保养。

续表

<table>
<tr><td rowspan="2">制度名称</td><td colspan="3" rowspan="2">带电作业安全管理制度</td><td>受控状态</td><td></td></tr>
<tr><td>编　　号</td><td></td></tr>
<tr><td>执行部门</td><td></td><td>监督部门</td><td></td><td>编修部门</td><td></td></tr>
</table>

第24条　要严格执行安全技术施工方案和安全技术交底，不变更、拆除安全防护措施。

第25条　对各级检查提出的隐患，按要求及时整改。

第26条　实行文明施工，不得从高处抛掷物品，对流动式电缆妥善保管，线路装备规范，配电箱、开关箱及时上锁。

第27条　发生事故和未遂事故要立即向班组长报告，吸取事故教训，积极提出防止事故发生、改善劳动条件的合理化建议。

第28条　交接班时，要做好下列事项的交接工作：

1. 交接班的系统运行现状，倒闸操作和保护信号动作，事故处理情况。

2. 交接当班设备、负荷、保护运行和变动情况检修试验，缺陷处理情况。

3. 交接当班内作业及使用中的地线情况。

第29条　接班人员在交班人员陪同下，进行现场检查和信号试验，检查应包括安全用具、仪表、设备钥匙等。检查试验无问题后，正式交班，交接双方班长分别在运行操作记录上签名。交班后，接班人员继续工作，交班人员退出现场。

第5章　附　　则

第30条　本制度由安全管理部负责制定与修订工作。未涉及事项，请参考公司其他制度执行。

第31条　本制度报总经理审核批准后，自颁发公示之日起生效实施。

<table>
<tr><td rowspan="3">修订记录</td><td>修订标记</td><td>修订处数</td><td>修订日期</td><td>修订执行人</td><td>审批签字</td></tr>
<tr><td></td><td></td><td></td><td></td><td></td></tr>
<tr><td></td><td></td><td></td><td></td><td></td></tr>
</table>

5.2.6　高处作业安全保护制度

<table>
<tr><td rowspan="2">制度名称</td><td colspan="3" rowspan="2">高处作业安全保护制度</td><td>受控状态</td><td></td></tr>
<tr><td>编　　号</td><td></td></tr>
<tr><td>执行部门</td><td></td><td>监督部门</td><td></td><td>编修部门</td><td></td></tr>
</table>

第1章　总　　则

第1条　目的

为了规范高处作业安全管理工作，保护作业人员的生命安全，减少高处作业安全事故的发生，特制定本制度。

第2条　适用范围

本制度适用于公司区域内及外派人员的高处作业安全管理工作。

第3条　职责分工

1. 安全管理部负责制定高处作业安全管理标准，对“高处作业申请”进行实地审核，并指派专人全程监督高处作业安全措施的执行情况。

续表

<table>
<tr><td rowspan="2">制度名称</td><td colspan="3" rowspan="2">高处作业安全保护制度</td><td>受控状态</td><td></td></tr>
<tr><td>编　号</td><td></td></tr>
<tr><td>执行部门</td><td></td><td>监督部门</td><td></td><td>编修部门</td><td></td></tr>
</table>

2. 作业单位应严格执行与高处作业安全相关的规章制度。

第 4 条　定义

1. 高处作业，是指在坠落高度基准面 2 m 以上（含 2 m）有可能坠落的高处进行的作业。

2. 坠落高度基准面。通过最低坠落着落点的水平面，称为坠落高度基准面。

3. 最低坠落着落点。在作业位置可能坠落到的最低点，称为该作业位置的最低坠落着落点。

第 5 条　高处作业分级（如图 5—1 所示）

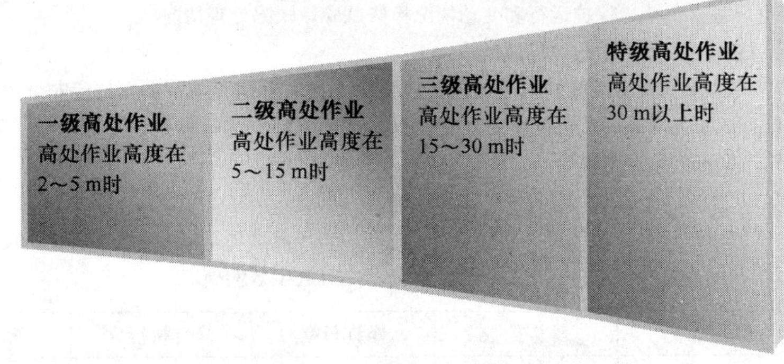

图 5—1　高处作业分级示意图

第 2 章　高处作业前的安全要求

第 6 条　高处作业准备

1. 高处作业人员要求

以下不适宜进行高处作业的人员，不得进行高处作业：

（1）患有职业禁忌证，如高血压、心脏病、贫血、癫痫、恐高或有精神疾病史等。

（2）过度疲劳、久病后初愈。

2. 材料、器具、设备的安全要求

高处作业使用的材料、器具、设备应符合《生产设备安全卫生设计总则》《高处作业吊篮安全规则》等标准和技术规范的要求。

第 7 条　安全培训

安全管理部需对从事高处作业的人员坚持开展安全宣传教育和安全技术培训，使其能掌握高处坠落事故规律并能认识到事故的危害，牢固树立安全思想并具有预防、控制事故的能力。

第 8 条　高处作业证申请与审批

1. 高处作业负责人应在高处作业前，针对作业内容进行危险辨识，制定相应的作业规程及安全措施，并编制"高处安全作业证审批报告"报安全管理部主管审批。

2. 安全管理部主管须经过实地检查后，按规定批准高处作业。

续表

<table>
<tr><td rowspan="2">制度名称</td><td colspan="3" rowspan="2">高处作业安全保护制度</td><td>受控状态</td><td></td></tr>
<tr><td>编　　号</td><td></td></tr>
<tr><td>执行部门</td><td></td><td>监督部门</td><td></td><td>编修部门</td><td></td></tr>
<tr><td colspan="6">

第3章　高处作业中的安全要求

第9条　监护要求

高处作业应设监护人对高处作业过程及作业人员进行监护，监护人不得擅自离岗。

第10条　安全带使用要求

高处作业人员应系用与作业内容相适应的安全带，具体要求如下。

1. 安全带应系挂在作业处上方的牢固构件上或专为挂安全带用的钢架或钢丝绳上。

2. 不得系挂在移动或不牢固的物件上。

3. 不得系挂在有尖锐棱角的部位。

4. 安全带不得低挂高用。

5. 系安全带后应检查扣环是否扣牢。

第11条　现场作业要求

1. 高处作业人员在现场作业时须遵循以下七项要求：

(1) 作业场所有坠落可能的物件，应一律先行撤除或加以固定。

(2) 高处作业所使用的工具、材料、零件等应装入工具袋，上下时手中不得持物。

(3) 工具在使用时应系安全绳，不用时放入工具袋中。不得投掷工具、材料及其他物品。

(4) 易滑动、易滚动的工具、材料堆放在脚手架上时，应采取防止坠落措施。

(5) 高处作业中所用的物料，应堆放平稳，不妨碍通行和装卸。

(6) 作业中的走道、通道板和登高用具，应随时清扫干净；拆卸下的物件及余料和废料均应及时清理运走，不得任意放置或向下丢弃。

(7) 高处作业应与地面保持联系，与地面距离在____m以上的，应配备联络工具，指定专人负责联系。

2. 特殊天气情况下，高处作业人员须遵守以下四项要求：

(1) 雨雪天进行室外高处作业时，应采取可靠的防滑、防寒和防冻措施，冰、霜、雪均应及时清除。

(2) 阴雨天在高耸建筑物上进行高处作业时，应事先设置避雷设施。若出现雷电天气，应立即停止作业，并离开高处，回到地面。

(3) 遇有6级以上强风、浓雾等恶劣气候，不得进行特级高处作业、露天攀登与悬空高处作业。

(4) 暴风雪及台风暴雨后，应对高处作业安全设施逐一加以检查，发现有松动、变形、损坏或脱落等现象，应立即修理完善。

第4章　高处作业后的安全要求

第12条　清理用品

高处作业完工后，作业人员须将作业现场清扫干净，并将作业用的工具、拆卸下的物件及余料和废料清理运走。

第13条　拆除设施

1. 作业人员在拆卸脚手架、防护棚等设施时，应设立警戒区，并安排专人监护。

2. 高处作业完工后，具有特种作业操作证书的电工负责拆除临时用电的线路。

第14条　完工验收

高处作业完工后，作业人员要安全撤离现场，验收人员负责作业验收并在“高处安全作业证”上签字。

</td></tr>
</table>

续表

<table>
<tr><td rowspan="2">制度名称</td><td colspan="3" rowspan="2">高处作业安全保护制度</td><td>受控状态</td><td></td></tr>
<tr><td>编　号</td><td></td></tr>
<tr><td>执行部门</td><td></td><td>监督部门</td><td></td><td>编修部门</td><td></td></tr>
<tr><td colspan="6">第 5 章　附　　则
第 15 条　本制度由安全管理部负责制定，其解释、修改、废止权均归安全管理部所有。
第 16 条　本制度经总经理批准后，自下发之日起开始执行。</td></tr>
</table>

修订记录	修订标记	修订处数	修订日期	修订执行人	审批签字

5.3　危险物品安全管理制度

5.3.1　用漫画解说制度

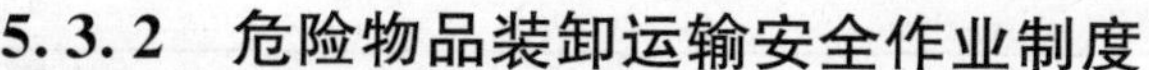

5.3.2　危险物品装卸运输安全作业制度

<table>
<tr><td rowspan="2">制度名称</td><td rowspan="2" colspan="3">危险物品装卸运输安全作业制度</td><td>受控状态</td><td></td></tr>
<tr><td>编　号</td><td></td></tr>
<tr><td>执行部门</td><td></td><td>监督部门</td><td></td><td>编修部门</td><td></td></tr>
</table>

第1章　总　　则

第1条　为加强对危险物品的安全管理，确保员工安全，达到消除危害、安全生产的目的，结合本公司实际情况，特制定本制度。

第2条　本制度适用于危险物品装卸作业、搬运作业、运输作业的安全管理。

第3条　危险物品的界定：具有易燃、易爆、腐蚀、有毒等性质，在生产、储运使用中能引起人身伤亡、财产损毁的物品，均属危险物品。

第2章　对装卸操作人员的工作要求

第4条　在进行危险物品装卸前，装卸操作人员要根据有关要求检查车辆的资质和安全附件是否齐全。

第5条　装卸操作人员必须由经过培训合格的人员负责，其他人不得擅自操作。

第6条　装卸操作人员应熟练掌握装卸过程中的一般事故处理方法和防护用具、消防器材的使用方法。

第7条　装卸操作人员在装卸危险物品期间不得脱离岗位，当班不能装卸完毕或有紧急情况需交下一班次或其他人继续装卸时，一定要以书面的形式交代清楚，防止发生危险物的泄漏。

第8条　装卸操作人员在工作前，应认真检查所用工具是否完好可靠，开启易燃、易爆的桶装物料的桶盖时，应使用铜或者铜铝合金的专业扳手。

第9条　装卸、搬运危险化学品时，应做到轻装、轻卸，严禁摔、碰、撞击、拖拉、倾倒和滚动。

第10条　装卸对人体有毒害及腐蚀性物品时，操作人员应掌握操作毒害品的一般知识，操作时轻拿轻放，不得碰撞、倒置，防止包装破损、物料外溢。

第11条　装卸操作人员应戴防护眼镜、佩戴胶皮手套和相应的防毒口罩或面具，穿防护服。

第12条　装卸操作人员在作业过程中不得饮食，不得用手擦嘴、脸、眼睛。

第13条　每次作业完毕，应及时用肥皂（或专用洗涤剂）洗净面部、手部，用清水漱口，防护用具应及时清洗，集中存放。

第14条　装卸易燃液体时，需穿防静电工作服，禁止穿带铁钉的鞋子；桶装的易燃液体物料不得在水泥地面滚动；桶装的各种氧化剂也不得在水泥地面滚动。

第15条　各项操作不得使用沾染油污及异物和能产生火花的机具，作业现场需远离热源和火源。

第16条　装卸危险物品时，操作人员不得做与工作无关的事情，集中精力注意装卸的情况，以便于出现异常情况时，及时采取应急措施。

第17条　公司内各车辆装卸点所配备的消防器材及急救药品，要进行经常性的检查，确保其有效完好；如存在失效、数量不够等现象，要及时报告单位或部门领导。

第3章　对运输作业人员的工作要求

第18条　危险物品运输应符合《危险货物运输规则》的有关规定。

第19条　从事危险物品运输的人员，必须按国家有关规定进行岗位培训，凭专业岗位操作证书上岗。

第20条　从事危险物品运输的人员对所运危险货物要掌握其化学和物理性质及应急措施。

续表

<table>
<tr><td rowspan="2">制度名称</td><td colspan="3" rowspan="2">危险物品装卸运输安全作业制度</td><td>受控状态</td><td></td></tr>
<tr><td>编　　号</td><td></td></tr>
<tr><td>执行部门</td><td></td><td>监督部门</td><td></td><td>编修部门</td><td></td></tr>
<tr><td colspan="6">第 21 条　运输、装车、卸车作业时，必须正确使用劳动防护用品。
第 22 条　进入装卸作业区前，必须安装防火罩，不准随身携带火种。
第 23 条　装卸易燃、易爆危险货物时，不准穿带有铁钉的工作鞋和穿着易产生静电的工作服。
第 24 条　车辆进入危险货物装卸作业区，驾驶员应按有关安全规定驶入装卸货区。
第 25 条　车辆停靠时，危险物品运输人员应听从作业区人员的指挥，车辆与货垛之间要留有安全距离；待装、待卸车辆与装卸货物的车辆应保持足够的安全距离，且不能堵塞安全通道；驾驶员不得擅自离开车辆。
第 26 条　危险物品装车、卸车的过程中，车辆的发动机必须熄灭并切断总电源；在有坡度的场地装卸危险物品时，必须采取防止车辆溜坡的有效措施。
第 27 条　危险物品装车、卸车的过程中，驾驶员负责监卸，办理危险物品交接签证手续时要“点收点交”。
第 28 条　装车完毕，驾驶员必须对危险物品的堆码、遮盖、捆扎等安全措施及对影响车辆启动的不安全因素进行检查。
第 29 条　危险物品装车、卸车的过程中，需要移动车辆时，应先关上车厢门或拦板。若原地关不上时，必须有人监护，在保障安全的情况下才能移动车辆，起步要慢，停炉要稳。
第 30 条　禁止在装卸作业区内维修车辆。
第 31 条　危险物品运达卸货地点后，因故不能及时卸货，在待卸期间，行车人员应会同押运人员负责看管。
第 32 条　在装卸地点作业的司机及押运员不得擅自离开车辆，做与工作无关的事，不得进入公司其他区域。
第 4 章　附　　则
第 33 条　本制度由安全管理部负责制定、修订。
条 34 条　本制度报经安全管理委员会审议批准后，自颁发公示之日起生效实施。</td></tr>
</table>

<table>
<tr><td rowspan="3">修订记录</td><td>修订标记</td><td>修订处数</td><td>修订日期</td><td>修订执行人</td><td>审批签字</td></tr>
<tr><td></td><td></td><td></td><td></td><td></td></tr>
<tr><td></td><td></td><td></td><td></td><td></td></tr>
</table>

5.3.3　危险化学品存储保管安全作业制度

<table>
<tr><td rowspan="2">制度名称</td><td colspan="3" rowspan="2">危险化学品存储保管安全作业制度</td><td>受控状态</td><td></td></tr>
<tr><td>编　　号</td><td></td></tr>
<tr><td>执行部门</td><td></td><td>监督部门</td><td></td><td>编修部门</td><td></td></tr>
<tr><td colspan="6">第 1 章　总　　则
第 1 条　为严格执行《危险化学品安全管理条例》等法律法规，加强危险化学品的储存保管、出入库的安全作业，特制定本制度。</td></tr>
</table>

续表

制度名称	危险化学品存储保管安全作业制度			受控状态	
				编　　号	
执行部门		监督部门		编修部门	

第2条　本制度适用于公司危险化学品仓库的存储保管、出入库作业管理。

第2章　对危险化学品仓库工作人员的要求

第3条　对危险化学品仓库的仓管员应进行培训，经考核合格后方可上岗。

第4条　对危险化学品装卸作业人员必须进行安全教育，使其按照有关规定进行操作。

第5条　危险化学品仓库的仓管员除了具有一般消防知识之外，还应进行在危险化学品仓库工作的专门培训，熟悉各区域储存的化工品种类、特性，以及事故处理的顺序及方法。

第6条　危险化学品仓管员的具体职责如下：

1. 严格执行化工品的出入库手续，对所保管的化工品必须做到数量准确，账物相符，日清月结。
2. 每月月底盘点出入库清单，完成当月原材料盘点报表。
3. 按消防要求对仓库内的消防器材进行管理，定期检查、定期更换。
4. 对库房进行定时通风，通风时不得远离仓库，做到防潮、防火、防腐、防盗。
5. 负责库存物品按要求分垛储存、摆放，留出防火通道。
6. 对因工作需要进入仓库的员工进行监督检查，严防原料流失。
7. 及时清点库存，做到心中有数，以便按生产计划提前上报采购计划，保证生产。
8. 负责劳动防护用品的管理、发放工作。
9. 负责仓库内5S现场管理，定期进行检查。

第3章　危险化学品储存保管、出入库作业安全要求

第7条　危险化学品仓库应有明显的标志，标志应符合相关国家标准的规定。符合条件的散装危险货物必须张贴警示标志，标志也必须遵守相应的要求。

第8条　危险化学品仓库只允许本仓库的仓管员出入，严禁其他人员在未经本仓库的仓管员同意的情况下进入危险化学品仓库。

第9条　危险化学品仓库的仓管员进入仓库时，严禁携带易燃、易爆物品进入。

第10条　危险化学品入库时，应严格检验其质量、数量、包装情况、有无泄漏等资料。

第11条　危险化工品入库后应采取适当的养护措施，在储存期内，定期检查。一旦发现其品质变化，包装破损、泄漏、稳定剂短缺等情况时，应及时处理。

第12条　性质相抵触、灭火方法不同的危险化学品，应隔离储存，更不准与食物、医药等同库储存。

第13条　危险化学品应该分类、分堆储存，堆垛不得过高过密，堆码之间应该留出一定的间距、通道、通风口。

第14条　在储存危险化学品的库房内或露天堆垛附近不准进行试验、分装、打包、焊接和其他可能引起火灾的操作。

第15条　性质不稳定，容易分解和变质以及混有杂质而引起燃烧爆炸的危险化学品，应经常进行检查测温、化验，防止自燃、爆炸。

第16条　危险化学品库房的安全间距，应根据储存物质的性质、规模和危害程度按照国家颁布的相关规定执行。

第17条　危险化学品库房要有良好的通风和必要的避雷装置，配备相应的防火、防爆、防毒安全措施。

续表

<table>
<tr><td rowspan="2">制度名称</td><td colspan="3" rowspan="2">危险化学品存储保管安全作业制度</td><td>受控状态</td><td></td></tr>
<tr><td>编　号</td><td></td></tr>
<tr><td>执行部门</td><td></td><td>监督部门</td><td></td><td>编修部门</td><td></td></tr>
<tr><td colspan="6">第 18 条　为了确保危险化学品仓库的安全，应加强门卫，严格出入制度，容器的包装要密闭、完整，对破损的泄漏要立即进行妥善处理，仓库严禁烟火。
第 4 章　附　　则
第 19 条　本制度由公司仓储部会同安全管理部制定，其解释工作归仓储部所有。
第 20 条　本制度报经安全副总审批后，自颁发之日起生效实施。</td></tr>
</table>

<table>
<tr><td rowspan="3">修订记录</td><td>修订标记</td><td>修订处数</td><td>修订日期</td><td>修订执行人</td><td>审批签字</td></tr>
<tr><td></td><td></td><td></td><td></td><td></td></tr>
<tr><td></td><td></td><td></td><td></td><td></td></tr>
</table>

第6章

作业环境安全保障制度

6.1 作业环境污染监控制度

6.1.1 用漫画解说制度

6.1.2 粉尘污染监控制度

制度名称	粉尘污染监控制度			受控状态	
				编　　号	
执行部门		监督部门		编修部门	

第1章　总　　则

第1条　目的

为了有效控制生产场所的粉尘污染，为员工提供一个安全、舒适的工作环境，保障员工的身体健康，根据国家有关法律法规，特制定本制度。

第2条　适用范围

本制度适用于公司所有车间、仓库的粉尘污染监控管理工作。

第3条　职责分工

粉尘污染监控工作由公司安全环保部负责。其具体职责分工见表6—1所示。

表6—1　　粉尘污染监控职责分工表

执行人员	主要职责
安全环保部经理	◎建立和完善粉尘污染预防、监控和治理体系，确保车间粉尘情况符合相关标准要求 ◎负责重大生产场所粉尘污染事故的处理，编制处理报告，并及时上报给总经理 ◎根据实际情况，通过各种渠道方法减少生产场所的粉尘污染
环境监督主管	◎在安全环保部经理的指挥下，编制生产场所粉尘污染监控的相关规定，经审批通过后，严格监督执行 ◎定期组织对车间粉尘状况的检查、管理工作，及时、有效地组织处理粉尘污染事故
环境监督员	◎负责所有生产场所粉尘的日常检测工作，并做好相关检测记录 ◎及时发现、上报和处理粉尘污染事故，认真记录处理过程

第2章　粉尘的相关知识

第4条　粉尘的定义

本制度中的粉尘属于生产性粉尘，是指在生产过程中产生的、能较长时间浮游在空气中的固体颗粒。

第5条　粉尘的分类

粉尘的分类方法有很多，一般情况下，根据粉尘的性质将其分为无机性粉尘、有机性粉尘和合成材料粉尘，具体如下：

1. 无机性粉尘：微粒性质为无机物的粉尘即为无机性粉尘。根据其来源不同，被分为金属性粉尘（如铁、铝、铅、锡等金属及其化合物粉尘）、非金属的矿物粉尘（如石英、石棉、煤、滑石等粉尘）、人工无机粉尘（如水泥、金刚砂等）。

续表

制度名称	粉尘污染监控制度			受控状态	
				编　　号	
执行部门		监督部门		编修部门	

2. 有机性粉尘：指粉尘微粒主要为有机物的粉尘，主要包括植物性粉尘（如木尘、烟草、棉、麻、谷物、茶等粉尘）和动物性粉尘（如畜毛、羽毛、角粉、骨质等粉尘）。

3. 合成材料粉尘：指粉尘微粒为化学合成物的粉尘。合成材料粉尘常见于塑料加工生产过程，其成分主要为塑料原材料及各种添加剂。

第6条　粉尘的主要危害

不同性质、成分的粉尘，对生产人员的伤害也有所不同。常见的粉尘危害主要有以下几种：

1. 损坏生产人员的呼吸系统，对生产人员造成上呼吸道感染、尘肺、肺炎等职业疾病。

2. 含较多致癌物质的粉尘，会导致生产人员患相关癌症。

3. 含刺激性较强物质的粉尘，会对生产人员造成局部刺激或过敏反应。

4. 含有毒物质或感染病菌较多的粉尘，将会造成生产人员中毒或感染现象。

第3章　粉尘监控措施

第7条　制定粉尘污染监管机制

安全环保部经理应根据公司发展战略和实际工作情况，制定科学合理的生产场所粉尘污染监控机制，对车间的粉尘状况进行有效监控，采取合理措施降低空气粉尘含量，使之达到相关标准要求。

第8条　加强粉尘污染防治教育

公司相关环境管理人员应根据实际情况，积极组织生产人员、环境监督员等相关人员参加关于粉尘污染防治的安全教育培训。通过教育培训，强化相关人员对粉尘污染的防治意识，提高其监控粉尘污染、保护生命健康的能力。

第9条　改进生产技术和生产设备

安全环保部经理应加强与生产部、技术研发部等相关部门间的沟通协作，不断改进生产技术和生产设备水平，从根源上减少甚至消除粉尘污染。

第10条　加强粉尘污染检测

环境监督员应加强对公司生产场所粉尘污染的日常检测活动，认真记录检测结果。及时发现和上报明显超过相关规定标准的生产场所，并积极配合相关人员采取防止措施。

第11条　改造和完善粉尘治理设施

安全环保部经理应根据实际情况，申请改造和完善粉尘治理设施，提高公司的粉尘治理能力。

第12条　合理运用个体防尘装备

安全环保部应针对粉尘污染严重的生产场所，为其工作人员配备适当的防尘装备，用以尽量避免粉尘对生产人员的伤害，保证生产经营的顺利进行。

第13条　定期进行员工体检

安全环保部应根据相关法律要求和公司相关规定，对长期在粉尘环境下工作的员工进行定期体检，以便及时发现和治疗由粉尘污染造成的相关疾病。

第4章　附　　则

第14条　本制度由安全环保部负责制定和定期修改，制度解释权亦归其所有。

第15条　本制度经有关领导审批通过后，自____年__月__日起正式实施。

修订记录	修订标记	修订处数	修订日期	修订执行人	审批签字

6.1.3 毒物环境监控制度

制度名称	毒物环境监控制度			受控状态	
				编　号	
执行部门		监督部门		编修部门	

第1章　总　则

第1条　目的

为了保证生产场所的安全，有效减少场所内的毒物浓度，保障生产人员的生命健康，促进生产经营活动的正常进行，根据国家法律法规和公司相关规定，特制定本制度。

第2条　适用范围

本制度适用于公司所有存在有毒物质的车间和仓库的毒物监控管理工作。

第3条　职责分工

毒物环境监控主要由安全环保部负责管理和实施，其主要职责分工见表6—2。

表6—2　毒物环境监控职责分工表

执行人员	主要职责
安全环保部经理	◎负责建立和完善毒物环境的监控体系，切实提高公司对毒物环境的应对能力 ◎根据实际情况，采取各种方法消除毒物环境的安全隐患，保证公司员工的生命健康 ◎负责组织处理生产经营活动中的突发中毒事故，减少事故损失
环境监督主管	◎在上级经理的领导下，编制毒物环境监控管理的相关制度规定，并认真组织实施 ◎积极配合上级经理，认真做好毒物环境的防治和监控工作 ◎积极参与突发中毒事故的救援工作，有效救护伤病人员，减少人员伤亡
环境监督员	◎负责毒物场所的日常检测工作，并做好相关工作记录 ◎及时发现并上报突发中毒事故，积极参与救援工作

第2章　毒物的相关知识

第4条　毒物的定义

本制度中的毒物是指在生产经营过程中，企业员工接触到的，能使人体组织机能和形态发生异常变化，进而危及生命健康的物质。

第5条　毒物的分类

毒物根据其不同的特性，有着不同的分类方法。一般情况下按毒物对人体的危害状况，可将其分为窒息性毒物、麻醉性毒物、溶血性毒物和致敏性毒物四大类。

第6条　毒物的来源

在生产经营过程中，毒物一般来源于以下四个方面：

1. 带有有毒物质的生产物料，如苯、生产颜料、氧化铅等。

2. 带有有毒物质的中间产品，如生产产生的各种有毒化学物质等。

续表

<table>
<tr><td>制度名称</td><td colspan="3" rowspan="2">毒物环境监控制度</td><td>受控状态</td><td></td></tr>
<tr><td></td><td>编　　号</td><td></td></tr>
<tr><td>执行部门</td><td></td><td>监督部门</td><td></td><td>编修部门</td><td></td></tr>
</table>

3. 具有毒性的生产成品，如农药等。

4. 含有有毒物质的生产废弃物，如冶金中产生的二氧化硫等。

第3章　毒物环境的监控措施

第7条　建立健全毒物监控机制

安全环保部应组织建立并不断健全毒物环境监控机制，制定合理、有效、全面的毒物监控制度，并采取有效措施，将生产场所的毒物含量控制在安全范围内。

第8条　加强安全教育

安全环保部积极组织企业员工参加有关毒物防治和毒物环境监控的教育培训活动，强化员工的毒物防治意识和责任感，切实提高其毒物防治和毒物环境监控的能力。

第9条　采用先进生产技术

安全环保部应根据公司发展情况，结合先进生产技术的性价分析，合理申请公司采用先进的生产技术和工艺，使生产过程机械化、自动化、封闭化，同时优先使用无毒、低毒的生产物料和设备，减少毒物来源。

第10条　加强员工个体防护

安全环保部应根据实际情况，为员工配备有效的个体防护装备，提高其工作的安全性。

第11条　加强毒物环境检测

安全环保部应加强对生产场所、仓库等区域的毒物环境监测，发现异常情况，立即进行有效处理。

第12条　加强“三废”管理

安全管理部应联合生产部等相关部门，加强对生产“三废”的管理，有效减少环境中的毒物含量。

第4章　附　　则

第13条　本制度由安全环保部具体负责制定、修改和解释。

第14条　本制度经有关领导审批通过后，自颁布之日起正式实施。

<table>
<tr><td rowspan="3">修订记录</td><td>修订标记</td><td>修订处数</td><td>修订日期</td><td>修订执行人</td><td>审批签字</td></tr>
<tr><td></td><td></td><td></td><td></td><td></td></tr>
<tr><td></td><td></td><td></td><td></td><td></td></tr>
</table>

6.1.4　噪声环境监控制度

<table>
<tr><td>制度名称</td><td colspan="3" rowspan="2">噪声环境监控制度</td><td>受控状态</td><td></td></tr>
<tr><td></td><td>编　　号</td><td></td></tr>
<tr><td>执行部门</td><td></td><td>监督部门</td><td></td><td>编修部门</td><td></td></tr>
</table>

第1条　目的

为了有效减少生产过程中的噪声污染，降低噪声对员工的伤害，为其提供一个安静、舒适的工作环境，根据国家相关法律法规和公司有关规定，特制定本制度。

续表

<table>
<tr><td rowspan="2">制度名称</td><td colspan="3" rowspan="2">噪声环境监控制度</td><td>受控状态</td><td></td></tr>
<tr><td>编　号</td><td></td></tr>
<tr><td>执行部门</td><td></td><td>监督部门</td><td></td><td>编修部门</td><td></td></tr>
</table>

第 2 条　适用范围

本制度适用于公司所有生产车间的噪声防治工作。

第 3 条　执行部门

本制度由安全环保部相关人员具体负责执行。

第 4 条　噪声的定义

本制度中的噪声是指公司在生产过程中由固定设备产生的，对周围人员造成干扰的声音。

第 5 条　噪声的伤害

一般来说，噪声对员工造成的伤害主要有以下几个方面：

1. 影响员工心理，导致其生活质量和工作效率的降低。

2. 损坏员工的听力系统。

3. 可能引发消化系统紊乱、心脏病、高血压等疾病。

第 6 条　噪声标准

根据我国《工业企业噪声控制设计规范》要求，公司各生产工作场所的噪声标准见表 6—3。

表 6—3　　公司各生产工作场所的噪声标准

<table>
<tr><th>序号</th><th colspan="2">生产工作场所</th><th>噪声限制值（dB）</th></tr>
<tr><td>1</td><td colspan="2">生产车间及作业场所（每天连续噪声 8 小时）</td><td>90</td></tr>
<tr><td>2</td><td rowspan="2">车间内设置的值班室、观察室和休息室</td><td>有电话通信要求时</td><td>70</td></tr>
<tr><td>3</td><td>有电话通信要求时</td><td>75</td></tr>
<tr><td>4</td><td colspan="2">精密装配线、精密加工车间、计算机操作室</td><td>70</td></tr>
<tr><td>5</td><td colspan="2">车间内所属的办公室、实验室和设计室</td><td>70</td></tr>
<tr><td>6</td><td colspan="2">主控制或集中控制室、电话总机室、消防值班室</td><td>60</td></tr>
<tr><td>7</td><td colspan="2">厂部所属的办公室、会议室、设计室和中心实验室</td><td>60</td></tr>
<tr><td>8</td><td colspan="2">公司医务室、职工宿舍</td><td>55</td></tr>
</table>

注：①本标准中的噪声级，均应按国家规定的标准测量方法测定。

②对员工每天接触不到 8 小时的工作场所，按实际接触噪声的时间，减半噪声限制值再加 3 dB 的原则，确定其噪声限制值。

第 7 条　建立健全噪声监控机制

安全环保部应组织建立并不断健全工作区域的噪声监控管理机制。通过制定噪声监测防治相关制度，加强对噪声污染的控制。

续表

制度名称	噪声环境监控制度			受控状态	
				编　号	
执行部门		监督部门		编修部门	

第 8 条　噪声改善措施

安全环保部应根据公司发展战略和当前实际情况，采取一系列科学、可行的噪声改善措施。常见的改善措施见表 6—4。

表 6—4　　噪声改善措施

改善措施	措施说明
重视噪声防治	◆通过进行噪声防治教育培训，提高公司员工的噪声防治意识和责任感，加强其对噪声防治的重视
控制噪声源	◆通过改进生产技术和生产设备、加强设备维护保养、改善设备摩擦碰撞的缓冲介质、加装消声器等措施有效控制甚至消除噪声源
优化传播途径	◆通过合理规划厂区和厂房，阻碍噪声的传播，减少噪声污染 ◆通过设置吸声材料和隔声装置，有效降低噪声的传播量
加强员工个体防护	◆通过为员工装备合理的劳动防护用品，如耳塞、耳罩等，来减少噪声造成的伤害

第 9 条　定期进行员工体检

安全环保部应定期组织员工进行听力和身体健康检查，及时发现并治疗因噪声引起的疾病，保护员工的身体健康。

第 10 条　安全环保部具体负责本制度的制定、修改和解释工作。

第 11 条　本制度经有关领导审批通过后，自颁布之日起开始实施。

修订记录	修订标记	修订处数	修订日期	修订执行人	审批签字

6.2 污染环境作业保护制度

6.2.1 用漫画解说制度

6.2.2 通风设备检测制度

<table>
<tr><td rowspan="2">制度名称</td><td colspan="3" rowspan="2">通风设备检测制度</td><td>受控状态</td><td></td></tr>
<tr><td>编　　号</td><td></td></tr>
<tr><td>执行部门</td><td></td><td>监督部门</td><td></td><td>编修部门</td><td></td></tr>
</table>

第1章　总　　则

第1条　目的

为了保证通风设备的正常运行，防止生产场所的粉尘和毒物污染，消除高温环境影响，促进公司生产经营的正常进行，根据公司有关规定，特制定本制度。

第2条　适用范围

本制度适用于公司所有通风设备的检测管理工作。

第3条　执行人员

1. 安全环保部经理负责组织制定通风设备检测的相关制度规定，规范通风设备检测的实施。

2. 公司应根据实际情况，合理安排安全环保部或设备部相关人员作为通风设备检测员，具体负责公司所有通风设备检测工作。

3. 其他相关部门和人员应积极配合通风设备检测员的工作，促进检测工作的顺利进行。

第2章　通风设备的基本知识

第4条　通风的定义

本制度中的通风是指公司结合实际情况，合理运用机械或自然的方法使车间外新鲜的空气进入车间，来代替原来不符合高温、卫生标准的空气的过程。

第5条　通风的分类

一般情况下，根据通风所需的动力不同，将其分为自然通风和机械通风两大类：

1. 自然通风，是指通过合理设计车间通风结构，利用车间内外的压力差为动力，来为车间提供新鲜空气的方式。自然通风的优点为不消耗能量，缺点为通风效果不稳定。

2. 机械通风，是指通过机械动力为车间进行送风或排风的方式。机械通风的优点为通风效果稳定，可根据实际工作需要，灵活调整通风强度，缺点为需要耗费能量。

第6条　常见的通风设备

公司应根据具体工作要求，选用合适的通风设备。目前常见的通风设备主要有以下几种：

1. 普通风机，是利用机械动力为车间进行通风的机械设备，无其他功能。常见的普通风机有离心式风机和轴流式风机两种。离心式风机的优点为效能高、噪声小；轴流式风机的优点为体积小，安全方便。

2. 功能风机，是指除了具有通风功能外，还添加了防尘、防爆、降温、排除毒物的功能的机械风机，如除尘器、空气过滤器、冷风机等。

第3章　通风设备检测的实施

第7条　制定并完善检测规定

安全环保部经理应根据公司相关规定，结合实际工作情况，制定并不断完善通风设备的检测规定和检测计划，以保证通风设备的正常运行。

第8条　进行通风设备检测

环境监督员应严格按照相关检测规定和检测计划，对通风设备进行日常检测、定期检测、季节性检测和专项检测等检测活动，并做好相关检测记录。

续表

制度名称	通风设备检测制度		受控状态	
			编　　号	
执行部门		监督部门		编修部门	

第 9 条　通风设备的检测内容

环境监督员在进行通风设备检测时，应严格按照“通风设备检测记录表”（见表 6—5）内容，认真进行检测工作。

表 6—5　　通风设备检测记录表

检测项目 设备名称	设备运行是否正常	设备位置是否偏移	设备风口是否通畅	设备是否出现腐蚀	是否存在安全隐患	备注

第 10 条　注意事项

安全环保部在进行通风设备检测时，应注意以下事项：

1. 安全环保部经理应根据不同的通风设备类型，组织编制不同的检测标准，以提高设备检查效果。

2. 环境监督主管应定期或不定期地进行通风设备抽查，抽查结果作为对环境监督员绩效考核的一个重要指标，以提高其通风设备检测的积极性和责任感。

3. 环境监督员在进行通风设备检测时，务必注意自身安全，对于存在一定危险的检测项目，应及时联系设备部相关人员进行专业维修处理。

第 4 章　附　　则

第 11 条　本制度由安全环保部负责制定和修改，其最终解释权亦归安全环保部所有。

第 12 条　本制度经有关领导审批通过后，自____年__月__日起正式实施。

修订记录	修订标记	修订处数	修订日期	修订执行人	审批签字

6.2.3　防暑降温实施制度

制度名称	防暑降温实施制度		受控状态	
			编　　号	
执行部门		监督部门		编修部门	

第 1 章　总　　则

第 1 条　目的

为了维持合理的生产场所温度，保证防暑降温措施的顺利实施，为员工提供舒适、健康的工作环境，根据国家相关法律政策和公司有关规定，特制定本制度。

续表

<table>
<tr><td rowspan="2">制度名称</td><td colspan="3" rowspan="2">防暑降温实施制度</td><td>受控状态</td><td></td></tr>
<tr><td>编　　号</td><td></td></tr>
<tr><td>执行部门</td><td></td><td>监督部门</td><td></td><td>编修部门</td><td></td></tr>
</table>

第2条　适用范围

本制度适用于公司所有车间的防暑降温工作的实施和管理。

第3条　职责分工

1. 安全环保部经理负责根据实际工作情况，制订公司防暑降温的实施计划，并监督、指挥计划的实施。

2. 环境监督主管负责根据防暑降温计划，组织相关人员进行防暑降温工作的实施。

3. 环境监督员在上级主管的领导下，具体负责防暑降温工作的实施，记录工作。

4. 其他相关部门和人员应积极配合安全环保部的工作，推动防暑降温措施的顺利实施。

第2章　防暑降温的常见措施

第4条　技术措施

防暑降温的技术措施一般能从根源上降低生产场所的温度，减少员工中暑现象的发生。防暑降温常见的技术措施主要有以下五种：

1. 合理采用先进的生产设备和技术，提高能量利用率，减少热量排放。

2. 在不影响正常生产的情况下，合理安排热源位置，减少员工和热源接触。

3. 合理、灵活地利用隔热材料，来隔绝热源，减少热量的排放。

4. 安排适当的通风设备，运用自然通风或机械通风的方式，来降低工作场所温度。

5. 运用一定的设施装备，合理疏导热量，同时促进热量的回收利用。

第5条　管理措施

安全环保部在通过技术措施进行防暑降温的同时，还应合理利用管理措施，来改善员工的工作条件，保证生产经营的正常进行。一般情况下，防暑降温的管理措施主要有以下几种：

1. 根据实际工作情况，合理延长中午休息时间，避开高温时段。

2. 根据工作的特点，在工作时间合理穿插短暂的休息，促进员工人体机能的恢复。

3. 为员工设置合理的冷气休息室，改善员工的休息条件。

4. 合理为员工提供适当的防暑饮料，以缓解高温对员工的影响。

5. 若工作环境温度达到35℃以上、37℃以下时，安全环保部应依据国家相关政策，向公司相关领导申请实施换班轮休制度，以缩短员工的高温工作时间。

第6条　医疗措施

安全环保部还应为各生产场所配备一定的防暑药物，以及时有效地应对中暑现象。

第3章　防暑降温的实施程序

第7条　加强温度监控

安全环保部应加强对公司所有生产场所的温度监控力度，及时统计、汇总监控结果。

第8条　购置防暑物资

安全环保部应根据生产场所的温度监控情况，按照相关程序申请采购相应的防暑降温物资，以应对工作场所的高温影响。

第9条　进行防暑降温

对于在高温环境中的生产场所，安全环保部应根据实际情况，及时采取合理的防暑降温措施，以降低生产场所温度，维护员工身体机能，保证生产的正常进行。

续表

制度名称	防暑降温实施制度			受控状态	
				编　　号	
执行部门		监督部门		编修部门	

第10条　发放高温津贴

安全环保部应根据国家相关法律政策，结合公司具体情况，合理申请并发放高温津贴。

第11条　进行防暑降温检查

安全环保部管理人员应定期或不定期地检查公司各生产场所的防暑降温工作，认真查看温度监控数据和防暑降温工作记录，不断指导、督促防暑降温工作的实施。

第4章　附　　则

第12条　本制度的制定、定期修改由安全环保部具体负责，其最终解释权亦归安全环保部所有。

第13条　本制度经相关领导审批通过后，自____年__月__日起正式实施。

修订记录	修订标记	修订处数	修订日期	修订执行人	审批签字

6.2.4　劳动保护用品发放制度

制度名称	劳动保护用品发放制度			受控状态	
				编　　号	
执行部门		监督部门		编修部门	

第1章　总　　则

第1条　目的

为了规范劳动保护用品（以下简称劳保用品）的发放管理，保证员工的工作安全和卫生，减少其职业危害，保证生产经营的正常进行，根据国家相关法律规定，结合公司实际情况，特制定本制度。

第2条　适用范围

本制度适用于公司全体人员劳保用品的发放管理工作。

第3条　职责分工

1. 安全环保部经理负责组织制定劳保用品的相关管理制度，规范劳保用品的发放管理。
2. 安全环保主管负责劳保用品的具体组织发放工作。
3. 相关部门和人员应积极配合劳保用品的发放工作，确保所有员工按规定领取劳保用品。

第2章　劳保用品的基本知识

第4条　劳保用品的定义

本制度中的劳保用品是指在生产经营过程中，公司根据相关法律规定和自身情况，向员工发放的用于保护员工免受工作伤害的防御装备。

第5条　劳保用品的种类

劳保用品按照保护的部位可以分为十类，具体见表6—6。

续表

制度名称	劳动保护用品发放制度			受控状态	
				编　　号	
执行部门		监督部门		编修部门	

表 6—6　　劳保用品分类说明

类别	举例	类别	举例
安全帽类	玻璃钢安全帽、竹编安全帽等	防护手套	绝缘手套、电焊手套等
呼吸护具	防尘口罩、防毒面具、氧气呼吸器等	防护服	防静电服等
眼防护具	微波防护具、防尘眼护具等	防坠落具	安全带、定位腰带等
耳部护具	耳塞、护耳罩等	护肤用品	护肤膏、洗涤剂等
防护鞋	防滑鞋、绝缘鞋等	面罩、面屏	防护罩、防护面屏等

第 6 条　劳保用品发放的法律依据

《中华人民共和国安全生产法》《中华人民共和国劳动法》《中华人民共和国职业病防治法》《劳动防护用品监督管理条例》等相关法律中，明确指明了各用人单位应根据工作内容和条件对员工发放相应的劳保用品。

第 3 章　劳保用品的发放程序

第 7 条　制定发放标准

公司根据国家相关法律规定，结合具体工作情况，制定劳保用品发放标准，并严格监督执行。

第 8 条　建立发放台账

安全环保部根据具体情况，进行劳保用品的申请审批，并建立规范的发放台账。

第 9 条　做好发放准备

1. 安全环保部组织相关人员认真检查、核对待发放的劳保用品的质量和数量，确认无误后准备发放。

2. 安全环保部根据工作任务安排，通知公司各部门负责人领取劳保用品。

第 10 条　实施发放工作

安全环保部根据相关规定，按要求向各部门发放劳保用品，并做好发放记录，准确填写发放台账。

第 11 条　发放工作检查

安全环保部经理应对劳保用品的发放工作进行认真监督检查，及时有效地处理发放过程中出现的各种问题，确保发放工作的顺利完成。

第 12 条　注意事项

安全环保部在进行劳保用品发放时，应注意以下几点事项：

1. 为了促进劳保用品的顺利发放，发放标准应经过公司各部门商讨并签字确认后严格实施。

2. 劳保用品发放前，应先检查确认劳保用品的数量和质量。若发现数量不足或有质量缺陷的劳保用品，应及时进行紧急采购、补充或调换。

3. 对于承担多种工作的员工，按其主要承担的工作岗位标准发放。

4. 应注意加强对员工劳动用品使用的教育培训，要求其爱护劳保用品，并按规定要求进行使用。

第 4 章　附　　则

第 13 条　本制度由安全环保部负责制定以及定期修改。

第 14 条　本制度的最终解释权归安全环保部所有。

第 15 条　本制度经有关领导审批通过后，自____年__月__日起正式实施。

修订记录	修订标记	修订处数	修订日期	修订执行人	审批签字

6.3 员工职业健康管理制度

6.3.1 用漫画解说制度

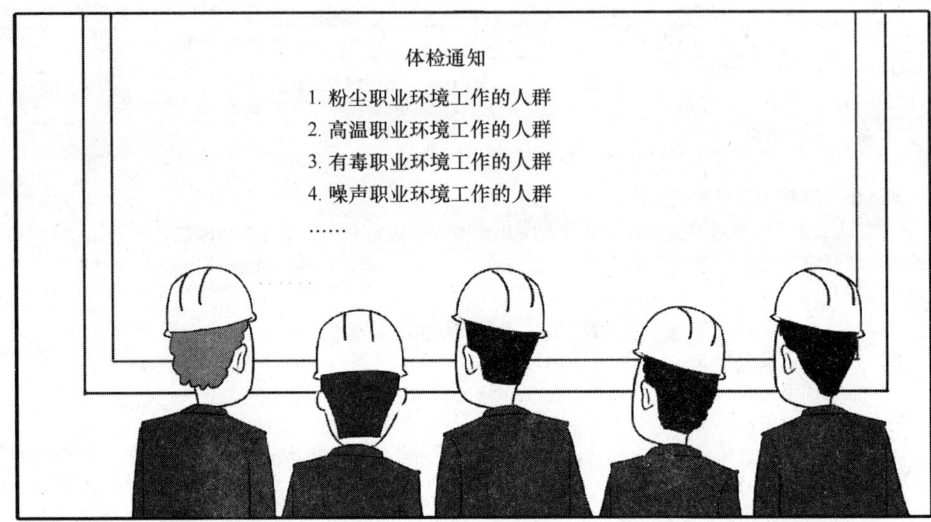

6.3.2 员工职业健康体检制度

<table>
<tr><td rowspan="2">制度名称</td><td rowspan="2" colspan="3">员工职业健康体检制度</td><td>受控状态</td><td></td></tr>
<tr><td>编　　号</td><td></td></tr>
<tr><td>执行部门</td><td></td><td>监督部门</td><td></td><td>编修部门</td><td></td></tr>
</table>

第1章　总　则

第1条　目的

为了准确了解员工的健康状况，及时发现和治疗职业病，维护员工的生命健康，根据国家相关法律政策和公司有关规定，特制定本制度。

第2条　适用范围

本制度适用于公司所有员工（包括新入职员工）的健康体检管理工作。

第3条　职责分工

1. 安全环保部负责为公司员工制定科学合理的健康体检标准，进行体检结果分析，并编写分析报告。

2. 人力资源部相关人员具体负责员工健康体检的组织实施。

3. 其他相关部门和人员应积极配合人力资源部门工作，促进员工健康体检的顺利进行。

第2章　岗前健康体检

第4条　体检对象

岗前体检的对象主要为新入职的员工、有健康要求的特殊岗位员工等。

第5条　体检单位

参加体检的人员应在规定时间内，到公司指定的医疗体检单位进行健康检查。

第6条　体检时间

参加体检的人员应在岗前培训期（____天）内，完成岗前体检。

第7条　体检项目

公司岗前体检的检查项目主要有血常规18项、肝功能、内科检查、外科检查、胸部透视、尿常规等。

第8条　体检费用

新员工的岗前体检费用由自己独自承担，转岗员工的体检费用由公司承担。

第9条　体检的实施

1. 人力资源部相关人员对体检对象发出书面通知，通知其在规定时间内到指定体检机构参加健康检查。

2. 参加体检的人员在规定时间内，准时到体检机构参加体检活动。

3. 体检结束后，体检结果直接由医院发到公司安全环保部，安全环保部对体检结果进行整理分析。

4. 安全环保部根据体检分析结果，编写岗前体检分析报告，并及时上报有关领导。

第3章　在岗健康体检

第10条　体检对象

在岗健康体检的对象为公司所有在职的正式员工。

第11条　体检单位

与岗前体检相同，在岗体检的单位也为公司制定的×××体检单位。

续表

制度名称	员工职业健康体检制度			受控状态	
				编　　号	
执行部门		监督部门		编修部门	

第12条　体检时间

根据公司相关规定，在岗体检的时间为每年的__月__日。

第13条　体检项目

在岗体检的体检项目除了岗前体检的6项（血常规18项、肝功能、内科检查、外科检查、胸部透视、尿常规）外，还包括血糖、血脂、心脏等项目。

第14条　体检费用

在岗体检的费用由公司全部负责。

第15条　体检结果分析

在岗体检结束后，体检单位会将员工体检结果直接发至安全环保部。安全环保部相关人员应认真总结、分析，并编写分析报告，上报相关领导进行审批。

第16条　体检异常的处理

1. 若在体检中发现员工具有职业禁忌疾病或与所在岗位相关的健康缺陷时，应根据劳动合同规定，及时调离原岗位，并进行妥善安置。

2. 若发现员工具有与所在岗位无关的疾病时，安全环保部应及时通知员工本人进行治疗。

3. 若发现员工患有因工作引发的职业病时，公司应按照劳动合同规定立即组织进行疾病治疗。

第4章　附　　则

第17条　本制度由安全环保部负责制定和定期修改。

第18条　本制度的最终解释权归安全环保部所有。

第19条　本制度经有关领导审批通过后，自____年__月__日起正式实施。

修订记录	修订标记	修订处数	修订日期	修订执行人	审批签字

6.3.3　员工职业病防治制度

制度名称	员工职业病防治制度			受控状态	
				编　　号	
执行部门		监督部门		编修部门	

第1章　总　　则

第1条　目的

为了有效预防员工职业病的发生，及时发现员工职业病并进行有效治疗，确保员工的身体健康，根据国家相关法律要求和公司有关规定，特制定本制度。

第2条　适用范围

本制度适用于公司所有在职正式员工的职业病预防和治理管理工作。

续表

制度名称	员工职业病防治理制度			受控状态	
				编　　号	
执行部门		监督部门		编修部门	

第 3 条　定义

1. 职业病，是指公司员工在劳动生产过程中，因接触粉尘、放射性物质或其他有毒有害物质而引发的疾病。

2. 职业病危害，是指从事某种职业活动的员工可能受到的各种伤害。

第 2 章　职业病的预防

第 4 条　改善工作条件

安全环保部应根据国家相关法律要求和公司相关规定，结合具体情况，不断改善工作条件，使之符合甚至超过国家职业卫生标准和要求。

第 5 条　进行职业病告知

1. 人力资源部门相关人员应与新入职员工和现在职员工签订相应岗位的职业病告知合同，明确说明本岗位的职业病危害、职业病防治措施、职业病补贴和可能引发的职业病等重要内容。

2. 对于未签订职业病告知合同的员工，公司应统一安排补签。

3. 对于工作内容发生变化，从事其他具有职业病危害的岗位时，人力资源部应与其重新签订职业病告知合同。

第 6 条　加强安全教育

安全环保部门应积极联合人力资源部，根据实际工作情况，加强员工的职业病防治培训，不断强化员工的职业病防治意识和责任感，提高其职业病防治的能力水平。

第 7 条　进行员工健康体检

安全环保部和人力资源部应加强合作，共同组织公司员工定期参加健康体检，及时发现并治疗由岗位工作引起的职业病。

第 8 条　注意事项

安全环保部在进行职业病预防时，应注意以下几项：

1. 在职业病告知合同中，应全部写明可能引发的职业病，不得有所隐瞒。

2. 不得安排未成年人从事有职业危害的岗位；不得安排怀孕期和哺乳期的女员工从事对胎儿、婴儿和自身有危害的岗位。

3. 员工在岗体检的一切费用，由公司全部承担。

4. 应建立并不断更新员工健康监护档案，并允许员工查阅。

第 3 章　职业病的治理

第 9 条　职业病的确认

1. 当发生突发事故造成职业伤害或在体检中发现患有职业病时，安全环保部应立即组织相关人员进行救治，确保员工的健康和安全。

2. 对于疑似职业病的伤病员工情况，安全环保部应及时、如实地向所在地方的安全生产监督管理部门汇报，并按照体检单位建议对伤病人员进行治疗和医学观察。

3. 安全环保部按照相关要求进行病情鉴定，确认伤病员工是否为职业病患者。

第 10 条　进行职业病治疗

安全环保部按照相关法律规定组织对职业病员工的医疗救治、康复和定期检查。公司应对治疗恢复过程中产生的相关费用进行承担。

续表

<table>
<tr><td rowspan="2">制度名称</td><td colspan="3" rowspan="2">员工职业病防治理制度</td><td>受控状态</td><td></td></tr>
<tr><td>编　　号</td><td></td></tr>
<tr><td>执行部门</td><td></td><td>监督部门</td><td></td><td>编修部门</td><td></td></tr>
<tr><td colspan="6">第 11 条　职业病员工安排
安全环保部和人力资源部对于不宜继续进行原岗位工作的职业病员工，应适当调离岗位并进行妥善安排；同时根据国家相关法律规定，对职业病员工进行合理补偿。
第 4 章　附　　则
第 12 条　本制度由安全环保部负责制定、修改和解释。
第 13 条　本制度经有关领导审批通过后，自____年__月__日起正式实施。</td></tr>
</table>

<table>
<tr><td rowspan="3">修订记录</td><td>修订标记</td><td>修订处数</td><td>修订日期</td><td>修订执行人</td><td>审批签字</td></tr>
<tr><td></td><td></td><td></td><td></td><td></td></tr>
<tr><td></td><td></td><td></td><td></td><td></td></tr>
</table>

6.3.4　特种作业津贴发放管理制度

<table>
<tr><td rowspan="2">制度名称</td><td colspan="3" rowspan="2">特种作业津贴发放管理制度</td><td>受控状态</td><td></td></tr>
<tr><td>编　　号</td><td></td></tr>
<tr><td>执行部门</td><td></td><td>监督部门</td><td></td><td>编修部门</td><td></td></tr>
<tr><td colspan="6">第 1 章　总　　则
第 1 条　目的
为了规范员工岗位津贴的发放，为特殊岗位员工提供合理的津贴补助，根据国家有关法律政策，结合公司实际情况，特制定本制度。
第 2 条　适用范围
本制度适用于公司所有特种作业岗位津贴的发放管理工作。
第 3 条　定义
根据相关法律规定，特种作业是指容易发生事故，对操作者本人、他人的安全健康及设备、设施的安全可能造成重大危害的作业。特种作业人员，是指直接从事特种作业的从业人员。
第 2 章　制定特种作业津贴标准
第 4 条　特种作业人员的认定
本制度中的特种人员是指从事特种作业目录（参考国家出台的《特种作业人员安全技术培训考核管理规定》）范围内的工作，并取得特种作业操作证的公司员工。
第 5 条　编制津贴标准
为了使特种作业的津贴标准更加合理、公正、有说服力，公司应按照以下步骤进行津贴标准的编制：
1. 公司领导应组织相关人员成立津贴标准编制小组，负责津贴标准的编制工作。
2. 编制小组认真进行工作调查和评估，多方面收集信息，为编制工作做好准备。
3. 编制小组根据收集的资料和公司有关规定，认真起草津贴标准草案，并反复检查修订。</td></tr>
</table>

续表

<table>
<tr><td>制度名称</td><td colspan="3" rowspan="2">特种作业津贴发放管理制度</td><td>受控状态</td><td></td></tr>
<tr><td></td><td>编　　号</td><td></td></tr>
<tr><td>执行部门</td><td></td><td>监督部门</td><td></td><td>编修部门</td><td></td></tr>
</table>

4. 编制小组组长组织相关部门负责人，针对草案中涉及多个部门的内容，进行部门研讨、会签。会签结果应及时上报总经理。

第 6 条　审批津贴标准

总经理应认真审查津贴标准草案内容和部门会签结果，对草案作出审批决定，最终确定公司员工的特种作业津贴标准。

第 3 章　特种作业津贴的发放

第 7 条　津贴发放的形式

为了更好地激励特种作业人员工作，为其提供适当的补偿，公司决定以现金的形式发放特种作业津贴，发放时间为每月的____日。

第 8 条　津贴发放的实施

公司相关人员应严格按照津贴发放标准，定期向特种作业人员发放津贴，同时做好相关发放记录。

第 9 条　注意事项

为了更好地规范特种作业津贴的发放和管理，使津贴发放达到预期目的，公司发放津贴应注意如图 6—1 所示三项内容。

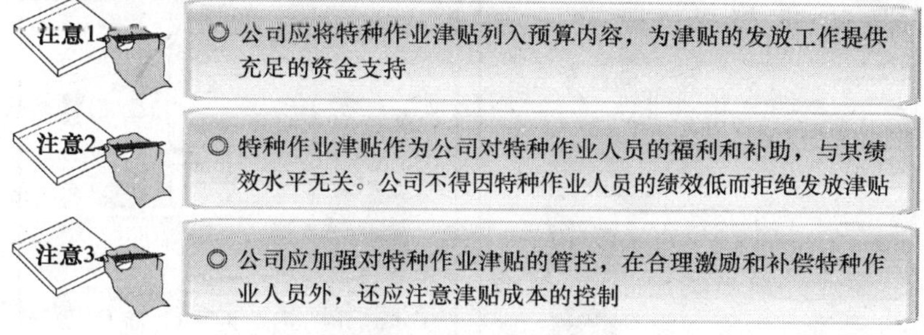

图 6—1　特种津贴发放的注意事项

第 4 章　附　　则

第 10 条　本制度由安全环保部负责制定，最终解释权亦归安全环保部所有。

第 11 条　本制度每年由安全环保部负责修改一次。

第 12 条　本制度经有关领导审批通过后，自____年__月__日起正式实施。

<table>
<tr><td rowspan="3">修订记录</td><td>修订标记</td><td>修订处数</td><td>修订日期</td><td>修订执行人</td><td>审批签字</td></tr>
<tr><td></td><td></td><td></td><td></td><td></td></tr>
<tr><td></td><td></td><td></td><td></td><td></td></tr>
</table>

第 7 章

危险气体设施安全管理制度

7.1　压力容器安全管理制度

7.1.1　用漫画解说制度

7.1.2　压力容器设施管理制度

<table>
<tr><td rowspan="2">制度名称</td><td colspan="3" rowspan="2">压力容器设施管理制度</td><td>受控状态</td><td></td></tr>
<tr><td>编　　号</td><td></td></tr>
<tr><td>执行部门</td><td></td><td>监督部门</td><td></td><td>编修部门</td><td></td></tr>
</table>

第1章　总　　则

第1条　目的

为了规范压力容器设施的管理工作，加强公司压力容器的管理，保障压力容器的安全使用，特制定本制度。

第2条　适用范围

本制度适用于公司内同时满足以下三个条件的压力容器设施的管理工作：

1. 最高工作压力 $P\geqslant1$ 个标准大气压。
2. 内直径≥0.15 m，且容积≥0.025 m^3。
3. 介质为气体、液化气体及最高工作温度高于标准沸点的液体。

第3条　管理职责

1. 设备部的管理职责如下所示：

(1) 负责审批采购申请，验收新购设备。

(2) 负责签订压力容器安装合同，并监督及检验安装公司的工作。

(3) 负责制定设备检查计划，并监督实施。

(4) 负责压力容器报废及档案管理工作。

2. 采购部的管理职责为压力容器的采购及验收。
3. 安全管理部负责压力事故的处理工作。
4. 设备使用部门的职责如下所示：

(1) 负责提交压力容器采购申请及验收新购设备。

(2) 严格按照操作规程使用和维护压力容器。

(3) 负责提交压力容器报废申请，并协助设备部进行设备的报废工作。

第2章　压力容器的选购与安装

第4条　压力容器采购要求

1. 压力容器使用部门须根据部门生产要求及压力容器的使用情况提交购买申请，交设备部进行审批。
2. 设备部须根据公司的设备采购计划及设备使用情况对各部门的购买申请进行审批，审批通过后，交采购部采购。
3. 采购部须选择具有压力容器制造资格的公司进行购买，且须严格按采购单中的各项参数，选择设备。
4. 压力容器购进入库前，设备部、采购部及使用部门须对设备的质量情况及相关资料进行验收。
5. 验收完毕后，压力容器管理人员须将设备附有的相关文件进行整理归档。

第5条　压力容器安装要求

1. 设备部须选择具有压力容器安装许可证的公司进行压力容器的安装，并协同设备使用部门审核安装公司及相关安装人员的资质，审核通过后签订安装合同。

续表

<table>
<tr><td rowspan="2">制度名称</td><td colspan="3" rowspan="2">压力容器设施管理制度</td><td>受控状态</td><td></td></tr>
<tr><td>编　　号</td><td></td></tr>
<tr><td>执行部门</td><td></td><td>监督部门</td><td></td><td>编修部门</td><td></td></tr>
</table>

2. 安装作业前，设备部须配合安装公司的安装现场考察工作，并须监督安装公司将“压力容器安装情况报告”提交至当地特种设备安全监管部门。

3. 设备部负责安装公司的监督工作。如发现不符合安装合同及相关安全技术规范的情况，须及时要求安装公司予以整改。对不予整改的，设备部有权要求其停止作业，并及时报告当地特种设备安全监管部门。

4. 安装完毕后，设备部需向有关特种设备检验检测机构申报验收检验。检验合格后，于__天内从安装公司处接收相关技术资料并归档保存；检验不合格，设备部须通知安装公司重新安装或追究其相关责任。

第3章　压力容器的使用

第6条　压力容器操作人员资格规定

1. 压力容器的操作人员须参加有关压力容器的相关培训，并通过国家特种设备监管部门的考核，获得国家统一格式的特种作业操作证。

2. 压力容器操作人员作业时须随身携带作业证，非持证人员不得操作压力容器。

第7条　压力容器的操作规范

1. 压力容器使用部门须实行安全操作挂牌制度，即在一些关键的操作部位上挂牌，标识压力容器的操作程序与状态等相关内容。

2. 压力容器使用部门须在容器投入使用前或者投入使用后____日内，办理使用登记，并将使用登记证或安全合格证明登记标志置于压力容器的显著位置。

3. 操作人员须在容器运行前检查容器及安全附件是否处于完好状态，确认完好后，才能开机使用。

4. 操作人员须在容器使用过程中，检查容器连接部位有无泄漏、渗漏现象及相连的管道有无震动、磨损情况。如发现上述情况，操作人员须按公司的相关规定停机并及时上报修理。

5. 压力容器使用完毕后，操作人员须及时填写设备运行记录。

第4章　压力容器的检验与保养

第8条　压力容器的检验规定

1. 设备部须根据公司实际情况制定设备检验计划。

2. 操作人员须按照检验计划规定的时间停车接受检验，并积极配合检验人员工作。

3. 检验结束后，设备部须为检验合格的压力容器办理注册手续。如压力容器检验不合格，使用部门须停止使用。

第9条　压力容器的保养规定

1. 压力容器操作人员须在班后进行设备的清扫与擦洗。

2. 压力容器操作人员须严格遵守操作规程，不准超温、超压、超速、超负荷运行设备。

3. 压力容器操作人员须掌握设备故障的预防、判断及紧急处理措施，在容器出现故障时能进行紧急处理。

4. 设备检修人员须按照公司的相关规定，对所属设备进行巡回检查，如发现问题须及时进行处理。

第5章　压力容器的事故处理

第10条　压力容器事故报告

续表

<table>
<tr><td rowspan="2">制度名称</td><td rowspan="2" colspan="3">压力容器设施管理制度</td><td>受控状态</td><td></td></tr>
<tr><td>编　　号</td><td></td></tr>
<tr><td>执行部门</td><td></td><td>监督部门</td><td></td><td>编修部门</td><td></td></tr>
</table>

压力容器如发生爆炸等事故，使用部门须立即将事故概况报告主管部门及当地特种设备安全监督管理部门。

第11条　事故现场应急处理

事故发生后，安全管理部须迅速实施事故应急管理措施，并及时撤离现场作业人员。如事故发生后导致人员伤亡，安全管理部须同时组织对受伤人员进行救护。

第12条　事故后续处理

1. 安全管理部须保护好事故现场，积极配合事故调查及取证工作，不得拒绝调查或提供虚假资料。

2. 事故调查处理结束后，安全管理部须按照公司的相关规定对相关责任人进行处理，并进行事故分析总结，及时进行整改，同时将事故详情、原因及责任人处理结果等信息进行全公司通报。

3. 事故处理完毕后，安全管理部负责收集整理事故调查处理的相关资料，并归档保存。

第6章　压力容器的报废

第13条　压力容器报废条件

压力容器出现下述情况之一时，须做报废处理：

1. 存在严重事故隐患。

2. 无改造、维修价值。

3. 已超过安全技术规范规定的使用年限。

4. 经检验后，压力容器的等级状况被定为5级。

第14条　压力容器报废处理程序

1. 使用部门须填写“设备报废申请表”交设备部进行审批。

2. 设备部须组织安全管理部、设备使用部门的相关人员对设备进行鉴定，并根据鉴定意见对报废申请进行审批。

3. 审批通过后，设备部经理通知使用部门停止使用设备。

4. 设备部须在设备管理卡上盖作废章，以示注销，同时，财务部进行资产报废账务处理。

5. 报废的压力容器如存在使用或改造价值，设备部可采用公开拍卖等方式进行报废清理；报废的压力容器如没有使用或改造价值，设备部须联系废品收购商进行回收。

第7章　特种设备安全技术档案的管理

第15条　压力容器技术档案内容要求

压力容器技术档案须包括但不限于以下八类资料：

1. 压力容器设计总图及使用说明书。

2. 压力容器安装验收资料。

3. 安全装置技术说明书及安全装置检验记录。

4. 压力容器运行情况记录。

5. 压力容器检验和修理记录及定期检验报告。

6. 压力容器注册登记表及压力容器使用证。

7. 压力容器操作人员培训记录。

8. 压力容器事故及故障记录。

续表

制度名称	压力容器设施管理制度			受控状态	
				编　　号	
执行部门	-	监督部门		编修部门	

第 16 条　压力容器技术档案管理规定

1. 设备部须安排专人负责压力容器安全技术档案的管理工作。
2. 每台压力容器均须配备技术档案，做到一机一档。
3. 档案管理人员须及时填写档案记录，并须保证档案的齐全、整洁、规范。
4. 压力容器发生设备迁移时，其档案应随其一同调拨。
5. 压力容器须报废时，报废的压力容器技术档案由档案保管人员封存。

第 8 章　附　　则

第 17 条　本制度由设备部制定，其解释权、修订权归设备部所有。

第 18 条　本制度经总经理批准后执行。

修订记录	修订标记	修订处数	修订日期	修订执行人	审批签字

7.1.3　压力容器设施检测制度

制度名称	压力容器设施检测制度			受控状态	
				编　　号	
执行部门		监督部门		编修部门	

第 1 章　总　则

第 1 条　目的

为了规范压力容器设施检测工作，确保压力容器的运行安全，特制定本制度。

第 2 条　适用范围

本制度适用于压力容器设施的检验与检查工作。

第 3 条　名词解释

1. 设备检验。本制度中的设备检验是指设备部依照法律的规定，向质量技术监管机构提交检验申请。质量技术监管机构则根据法律法规相关规定对申请公司内的特殊设备性能等项目进行检验。

2. 设备检查。本制度中的设备检查是指公司内部相关部门依照公司的相关规定及设备的技术要求对操作人员的行为及设备的运行情况进行检查。

第 2 章　压力容器检验管理

第 4 条　压力容器检验类别

根据检验内容及检验频率的不同，压力容器的检验分为外部检验、内外检验和耐压检验三种，具体内容见表 7—1。

续表

制度名称	压力容器设施检测制度			受控状态	
				编　号	
执行部门		监督部门		编修部门	

表 7—1　　压力容器检验类别一览表

检验类别	检验内容	检验频率
外部检验	◎容器外表面有无裂纹、变形、泄漏等不正常现象 ◎安全附件是否齐全、灵敏 ◎其他	每___年至少进行一次
内外检验	◎容器外表面有无裂纹、变形、泄漏等不正常现象 ◎安全附件是否齐全、灵敏 ◎容器内部是否有腐蚀腐损现象 ◎容器焊缝内部质量 ◎其他	◎安全状况等级为 1 级和 2 级的压力容器，每___年至少一次 ◎安全状况为 3 级的压力容器，每___年至少一次
耐压检验	对焊缝进行探伤检验	◎对固定式压力容器，每两次内外部检验期间内，至少进行一次耐压试验 ◎移动式压力容器，每___年至少进行一次耐压试验

第 5 条　压力容器检验申请

1. 如遇下列情况之一的，设备部必须向质量技术监管机构提交检验申请：

(1) 压力容器停用一年后重新启用。

(2) 压力容器发生重大事故。

(3) 压力容器遭受过可能影响其安全技术性能的自然灾害。

2. 压力容器经较长时间停用，但尚未超过一年时间的，并在检验有效期内的，设备部可申请技术部进行内部安全检验，如有必要，设备部可向质量技术监管机构提交检验申请。

3. 设备部协同压力容器使用部门根据国家相关法律规定、公司的实际情况及压力容器的使用情况制订压力容器检验计划，并报生产总监审批。

4. 压力容器检验计划经生产总监审批通过后，设备部须在压力容器定期检验合格有效期满___天内向质量技术监管机构提交定期检验申请，并根据检验机构确定的检验时间，提前___天通知设备使用部门。

5. 如确需延长检验周期的压力容器，设备部须根据国家法律法规的相关规定办理。

第 6 条　压力容器检验现场管理

1. 检验前，设备部须备齐下述资料：

(1) 压力容器的出厂资料。

(2) 压力容器的安全资料。

(3) 压力容器的登记文件。

续表

<table>
<tr><td rowspan="2">制度名称</td><td colspan="3" rowspan="2">压力容器设施检测制度</td><td>受控状态</td><td></td></tr>
<tr><td>编　号</td><td></td></tr>
<tr><td>执行部门</td><td></td><td>监督部门</td><td></td><td>编修部门</td><td></td></tr>
</table>

（4）压力容器的日常使用状况记录。

（5）压力容器上次定期检验报告。

（6）压力容器及安全附件、安全保护装置等相关附属仪器仪表的保养记录。

（7）压力容器运行故障及事故记录。

2. 压力容器使用部门须按规定完成压力容器的清洁、清洗工作，并按检验要求清理或拆除影响检验的容器附设部件，同时须按公司的相关规定提供必要的安全防护用品。

3. 检验时，设备部及容器使用部门须切断与压力容器有关的电源，并设置明显的安全标志，同时须在检验过程中积极配合检验人员的检验工作。

4. 检验过程中，如发现压力容器存在安全问题，设备部和使用部门须根据公司相关规定及检验人员的相关意见采取措施进行整改。整改过后，检验仍不合格，设备部可根据公司相关规定做报废处理。

5. 检验结束后，设备部须根据检验情况编制检验报告，并经检验人员签字确认后，将报告内容告知压力容器使用部门。

6. 设备使用部门不得使用未经定期检验或者检验不合格的压力容器。

第 3 章　压力容器检查管理

第 7 条　压力容器检查形式

公司压力容器检查的形式为定期检查与日常巡回检查相结合。

第 8 条　压力容器检查内容

1. 定期检查的内容须包括但不限于以下七项：

（1）公司安全生产管理规章制度的执行情况。

（2）作业人员持证上岗情况。

（3）压力容器的操作、负荷情况。

（4）压力容器定期检验、修理情况。

（5）安全附件装置的配备及校验情况。

（6）设备隐患及故障的处理情况。

（7）压力容器监控措施的落实情况。

2. 日常巡回检查的内容须包括但不限于以下六项：

（1）压力容器的操作工艺参数是否超过许可范围。

（2）压力容器有无变形、泄漏等异常情况。

（3）压力容器的保温层、防腐层及铭牌是否完好。

（4）接管、密封部位及紧固件有无损坏、泄漏。

（5）有无过度充装或液位失控现象。

（6）安全附件装置是否灵敏、完好。

第 9 条　压力容器检查管理

1. 安全部每____天安排安全专员到作业现场对压力容器及其安全附件进行一次定期检查。如发现问题须按照公司的相关规定及时制止并通知相关人员进行处理。

2. 容器操作人员须在作业前对压力容器进行巡回检查，及时发现并处理各类设备隐患，保证设备

续表

<table>
<tr><td rowspan="2">制度名称</td><td colspan="3" rowspan="2">压力容器设施检测制度</td><td>受控状态</td><td></td></tr>
<tr><td>编　　号</td><td></td></tr>
<tr><td>执行部门</td><td></td><td>监督部门</td><td></td><td>编修部门</td><td></td></tr>
</table>

开机后运行正常。

3. 接班人员在交接班时，需对压力容器的运行状况进行检查，判定正常后，填写交接班记录，并办理交接班手续。

4. 班组管理人员须在作业过程中进行巡回检查，以确定操作人员按章操作及设备运行正常。如发现异常，班组管理人员须及时纠正作业人员的违规行为或联系相关部门处理设备故障。

5. 如在检查中发现重大安全隐患，检查人员须按照公司相关规定进行报告、处理。隐患未排除前，禁止继续生产。

6. 检查人员检查时须做好检查记录，详细记录检查情况。检查完毕后，检查人员须及时整理检查记录并编制检查报告，报安全部经理审批后归档保存。

第4章　附　　则

第10条　本制度由设备部制定，其解释权、修订权归设备部所有。

第11条　本制度经总经理批准后执行。

<table>
<tr><td rowspan="3">修订记录</td><td>修订标记</td><td>修订处数</td><td>修订日期</td><td>修订执行人</td><td>审批签字</td></tr>
<tr><td></td><td></td><td></td><td></td><td></td></tr>
<tr><td></td><td></td><td></td><td></td><td></td></tr>
</table>

7.1.4　压力容器使用管理制度

<table>
<tr><td rowspan="2">制度名称</td><td colspan="3" rowspan="2">压力容器使用管理制度</td><td>受控状态</td><td></td></tr>
<tr><td>编　　号</td><td></td></tr>
<tr><td>执行部门</td><td></td><td>监督部门</td><td></td><td>编修部门</td><td></td></tr>
</table>

第1章　总则

第1条　为了规范压力容器操作人员的操作行为，确保压力容器的使用安全，特制定本制度。

第2条　本制度适用于压力容器的使用管理工作。

第2章　压力容器操作人员管理

第3条　压力容器操作人员须持有特种作业操作证，方可从事压力容器的操作工作。

第4条　压力容器操作人员在工作时须随身佩戴操作证，禁止无证作业。

第5条　压力容器操作人员须在操作证到期前____个月，向相关部门提出复审申请。复审不合格的作业人员不得继续从事压力容器操作。

第3章　压力容器登记管理

第6条　压力容器使用部门须在投入使用前或投入使用后____天内，填写“特种设备登记卡”和“特种设备使用申请书”交登记机构办理使用登记。

第7条　在办理登记过程中，使用部门须备齐下述各项资料：

1. 安全技术规范要求的设计文件、设备质量合格证明、制造过程监督检测证明。

续表

<table>
<tr><td rowspan="2">制度名称</td><td colspan="3" rowspan="2">压力容器使用管理制度</td><td>受控状态</td><td></td></tr>
<tr><td>编　　号</td><td></td></tr>
<tr><td>执行部门</td><td></td><td>监督部门</td><td></td><td>编修部门</td><td></td></tr>
</table>

2. 压力容器的安装告知书、安装质量证明书和安装监督检验报告。

3. 特种设备使用安全管理的有关规章制度、事故预防方案及管理和操作人员名册。

4. 相关安全技术规范要求的其他文件资料。

第 8 条　办理使用登记后，设备使用部门须将使用登记证明及登记机关退还的相关文件交档案管理人员归档保存，同时，将使用登记证悬挂在压力容器上，并在压力容器的明显部位喷涂使用登记证的号码。

第 9 条　压力容器安全状况发生变化时，使用部门须在发生变化后的____天内向原登记机构提交变更登记申请。

第 10 条　压力容器报废时，使用部门须将登记证交回登记机构予以注销。

第 4 章　压力容器操作规范

第 11 条　压力容器管理人员须按公司的安全操作挂牌制度的规定，在压力容器的关键操作部位挂牌，并明确标识操作程序、操作状态、阀门开关方向等注意事项。

第 12 条　压力容器的操作人员须熟悉容器的结构、主要技术参数及技术性能，并须严格按照压力容器的操作规程进行操作。

第 13 条　压力容器操作人员须在作业前进行安全检查，确保压力容器及各个安全附件处于良好状态后进行开机工作。如在检查过程中发现问题，操作人员须及时进行处理。严禁未经安全检查而强行运行设备。

第 14 条　容器开始加压时，操作人员作业速度不宜过快，要平稳加压，防止容器内压力的突然上升。

第 15 条　容器运行过程中，操作人员不得擅自离开岗位，须时常检查设备的温度、压力、液位等是否在安全操作规定范围内，并严格按工艺条件进行控制。

第 16 条　当设备发生故障时，操作人员须立即停止设备运行，同时启动备用设备。如果没有备用设备，操作人员须立即上报上级主管人员，尽快进行故障处理。严禁设备在故障状态下运行。

第 17 条　当设备出现故障可能危及人身安全时，操作人员在采取必要的控制措施后，须立即撤离操作现场，防止发生人员伤亡。

第 18 条　压力容器使用完毕后，操作人员须做好容器运行记录，运行记录须包括运行时间、运行状态等内容。如果有设备维修，操作人员须做好检修记录。

第 5 章　附　　则

第 19 条　本制度由设备部制定、解释与修订。

第 20 条　本制度经总经理批准后执行。

<table>
<tr><td rowspan="3">修订记录</td><td>修订标记</td><td>修订处数</td><td>修订日期</td><td>修订执行人</td><td>审批签字</td></tr>
<tr><td></td><td></td><td></td><td></td><td></td></tr>
<tr><td></td><td></td><td></td><td></td><td></td></tr>
</table>

7.2 危险气体气瓶安全管理制度

7.2.1 用漫画解说制度

7.2.2 危险气体气瓶安全管理办法

制度名称	危险气体气瓶安全管理办法			受控状态	
				编　　号	
执行部门		监督部门		编修部门	
第1章　总　　则 第1条　目的 为了规范危险气体气瓶的管理工作，保证危险气体气瓶的使用安全，特制定本制度。					

续表

<table>
<tr><td rowspan="2">制度名称</td><td colspan="3" rowspan="2">危险气体气瓶安全管理办法</td><td>受控状态</td><td></td></tr>
<tr><td>编　　号</td><td></td></tr>
<tr><td>执行部门</td><td></td><td>监督部门</td><td></td><td>编修部门</td><td></td></tr>
</table>

第2条　适用范围

本制度适用于公司危险气体气瓶的管理工作。

第3条　管理职责

1. 设备部负责组织气瓶的检查工作及监督气瓶的搬运、储存和使用。

2. 运输部门负责气瓶的运输及搬运工作。

3. 仓储部负责气瓶的仓储管理工作。

4. 气瓶使用部门须严格按照公司的相关规定使用气瓶。

第2章　气瓶检查管理

第4条　建立气瓶检查档案

设备部应建立气瓶检查档案，详细记录气瓶的制造单位、制造日期、合格证、检查时间等内容。

第5条　气瓶充装检查

设备部应到具有气瓶充装许可证的厂家充装气瓶，并在接收气瓶时，安排相关人员对气瓶的外部状态、安全标志、安全附件等进行检查，检查合格后挂贴相应标签予以接收。检查不合格的气瓶则拒绝接收。

第6条　气瓶使用检查

1. 设备部应根据公司的实际情况及气瓶的使用情况编制“气瓶安全检查表”，并报生产总监审批后，下发至气瓶使用部门。

2. 气瓶使用部门应根据“气瓶安全检查”对本部门所使用的气瓶进行检查。

3. 设备部应按照相关规定委托具有气瓶检验资质的机构对气瓶进行定期检验。如在使用过程中发现气瓶严重腐蚀、损伤等情况，设备部可提前申请进行检验。

4. 检查人员在检查过程中，应做好检查记录，并报设备部进行汇总归档。

第3章　气瓶运输与搬运管理

第7条　气瓶运输管理

1. 气瓶必须佩戴好气瓶帽和防震圈，轻装轻卸，禁止抛、滚、滑、碰。

2. 气瓶的运输工具须有明显的安全标志。

3. 采用车辆运输时，气瓶应妥善固定。立放时，车厢高度应在瓶高的三分之二以上；卧放时，瓶阀端应朝向一方，垛高不得超过5层且不得超过车厢高度。

4. 气瓶内的气体若相互接触可引起燃烧、爆炸或产生毒物的，则气瓶不得同车运输。

5. 气瓶瓶内气体为可燃性气体时，严禁烟火，且运输工具上须配备灭火器材。

6. 运输车辆上除司机及押运人员外，禁止无关人员搭乘。

7. 运输气瓶的车辆停靠时，驾驶员与押运员不能同时离开。

第8条　气瓶搬运管理

1. 搬运人员在搬运前须旋紧气瓶帽，以直立向上的方式搬运。

2. 近距离（____m以内）移动气瓶，搬运人员应戴手套扶瓶肩转动瓶底进行搬运；远距离移动时，搬运人员须采用专用的小车搬运气瓶。

3. 提升气瓶时，应使用专用装物架，不得使用钢丝绳或链绳吊提。

4. 卸车时，搬运人员应在气瓶落地点铺上橡胶皮垫，逐个卸车，禁止溜放。

续表

制度名称	危险气体气瓶安全管理办法			受控状态	
				编　　号	
执行部门		监督部门		编修部门	

第4章　气瓶的储存与使用管理

第9条　气瓶的储存管理

1. 气瓶须按照相关规定储存在气瓶专用仓库中，并须设有明显的禁火标志。

2. 气瓶专用仓库与其他建筑物的距离须不少于____m，并在离气瓶专用仓库的____m以内不得存放易燃易爆物品和进行明火作业。

3. 气瓶存储时，应关闭瓶阀，卸下减压器，并戴好或拧紧气瓶帽，放置整齐。

4. 气瓶直立放置时，应用支架加以固定或扎牢；横放时，气瓶阀端应朝同一方向，且摆放的垛高不得超过____层。

5. 空瓶和满瓶分开放置，并设置明显标志。

6. 仓库管理人员定期对仓库的用电设备、通风设备、搬运工具、防火防毒器具进行检查，发现问题及时进行处理。

7. 仓库管理人员有权拒绝气瓶附件不全或充填不合格的气瓶入库。

第10条　气瓶的使用管理

1. 气瓶使用部门应安排专人负责气瓶的日常检查工作。

2. 每班人员在使用气瓶前，需对气瓶的安全状况进行检查，及时发现并治理安全隐患。

3. 气瓶使用部门不得擅自更改气瓶的钢印及颜色标记，在使用过程中保证气瓶安全附件的齐全、完好。

4. 气瓶须立放使用，并应采取相应的防倾倒措施。

5. 使用人员须用手或专用扳手开启或关闭瓶阀，禁止使用其他工具，以防损坏阀件。

6. 气瓶及附件须保持清洁、干燥，防止沾染腐蚀性介质、灰尘。

7. 气瓶投入使用后，使用部门不得对瓶体进行挖补、焊接等方式修理。

8. 对于可能造成回流的使用场合，使用部门须在气瓶上安装防止倒灌的装置。

9. 瓶内气体不得用尽，必须留有符合相关规定的剩余压力。

10. 在使用过程中如发现瓶口或气门漏气等异常情况，使用人员不得擅自修理，须及时向上级报告，以及时将异常气瓶送到专业机构进行修理。

第5章　附　　则

第11条　本制度由设备部制定、解释与修订。

第12条　本制度经总经理批准后执行。

修订记录	修订标记	修订处数	修订日期	修订执行人	审批签字

7.2.3 危险气体气瓶安全搬运制度

<table>
<tr><td rowspan="2">制度名称</td><td colspan="3" rowspan="2">危险气体气瓶安全搬运制度</td><td>受控状态</td><td></td></tr>
<tr><td>编　号</td><td></td></tr>
<tr><td>执行部门</td><td></td><td>监督部门</td><td></td><td>编修部门</td><td></td></tr>
</table>

第 1 条　为了规范危险气体气瓶的搬运工作，保证气瓶的搬运安全，特制定本制度。

第 2 条　本制度适用于危险气体气瓶的搬运工作。

第 3 条　运输、搬运、装卸气瓶的操作人员须学习并熟练掌握气瓶、气体的相关知识以及消防器材与防毒面具等防护用品的用法。

第 4 条　搬运人员须在搬运前为气瓶佩戴瓶帽与防震圈，并拆下减压器，同时在搬运过程中轻装轻卸，严禁抛、滑、滚、碰。

第 5 条　设备管理人员须在气瓶运输工具上设置明显安全标志。

第 6 条　气瓶需要吊装时，应使用专用吊篮或装物架，严禁使用电磁起重机或链绳。

第 7 条　气瓶直立放于运输车辆时，须保证车厢高度高于瓶高的三分之二；卧放于运输车辆时，瓶阀端应朝向一方，垛高不得超过 5 层且不得超过车厢高度。

第 8 条　对于盛装相互接触即可引起燃烧、爆炸或产生毒物气体的气瓶，不得同车运输。易燃品、油脂或带有油污的物品，不得与氧气瓶或强氧化剂气瓶同车运输。

第 9 条　气瓶内气体为可燃性气体时，须严禁烟火，且运输工具上须配备灭火器材。

第 10 条　夏季运输时，运输车辆须配有遮阳设施，防止暴晒。

第 11 条　运输车辆上除司机及押运人员外，禁止无关人员搭乘。

第 12 条　运输气瓶的车辆须在郊区或人员稀少的地区附近停靠，且停靠时，驾驶员与押运人员不得同时离开。

第 13 条　搬运人员在搬运前须旋紧气瓶帽，并须以直立向上的方式搬运。

第 14 条　近距离（____m 以内）移动气瓶，可人工搬运气瓶。搬运人员须戴手套，手扶瓶肩转动瓶底搬运，不可拖拽气瓶；远距离移动时，搬运人员须采用专用的小车搬运气瓶。

第 15 条　卸车时，搬运人员须在气瓶落地点铺上橡胶皮垫，逐个卸车，禁止溜放。装卸氧气瓶时，装卸人员的工作服、手套及装卸工具上不得沾有油脂等物质。

第 16 条　本制度由设备部制定、解释、修订。

第 17 条　本制度经总经理批准后颁布，自颁布之日起执行。

<table>
<tr><td rowspan="3">修订记录</td><td>修订标记</td><td>修订处数</td><td>修订日期</td><td>修订执行人</td><td>审批签字</td></tr>
<tr><td></td><td></td><td></td><td></td><td></td></tr>
<tr><td></td><td></td><td></td><td></td><td></td></tr>
</table>

第 8 章

企业安全教育管理制度

8.1 三级安全教育管理制度

8.1.1 用漫画解说制度

8.1.2 厂级安全教育实施制度

<table>
<tr><td rowspan="2">制度名称</td><td colspan="3" rowspan="2">厂级安全教育实施制度</td><td>受控状态</td><td></td></tr>
<tr><td>编　号</td><td></td></tr>
<tr><td>执行部门</td><td></td><td>监督部门</td><td></td><td>编修部门</td><td></td></tr>
</table>

第 1 章　总　则

第 1 条　目的

为了规范厂级安全教育的实施工作，提高厂级安全教育的效果，特制定本制度。

第 2 条　适用范围

本制度适用于公司新入职员工、转换岗位的员工及特殊工种员工的厂级安全教育工作。

第 3 条　管理职责

1. 人力资源部负责厂级安全教育计划的编制与审批工作，并负责培训考核及总结的工作。

2. 安全管理部负责厂级教育计划的实施工作。

第 2 章　编制教育计划

第 4 条　成立计划编制小组

公司成立厂级安全教育计划编制小组，负责厂级教育计划的编制工作。小组由培训主管、人事专员、安全专员等____人构成，其中由培训主管担任小组长。

第 5 条　确定安全教育时间

计划编制小组须根据公司的实际情况在新员工入职后____日内或发布员工转岗信息____日内确定安全教育时间。

第 6 条　确定安全教育内容

计划编制小组须根据公司的实际情况及教育对象的实际水平确定安全教育的内容。公司安全教育内容须包括但不限于以下六个方面：

1. 安全意识和安全保护重要性。

2. 国家安全生产的相关法律法规及各项政策、规范。

3. 公司的安全工作发展史、生产特点、设备分布、公司安全生产规章制度、公司安全生产管理机构等情况。

4. 公司区域内特殊、危险位置及安全规定。

5. 公司内历年典型的安全事故案例和教训，工伤事故案例。

6. 公司安全生产责任制、生产奖惩条例、厂区内交通运输管理制度和防护用品管理制度。

第 7 条　选择安全教育方式

计划编制小组须根据公司的实际情况及安全教育内容选择安全教育方式。安全教育方式包括但不限于如图 8—1 所示的四种。

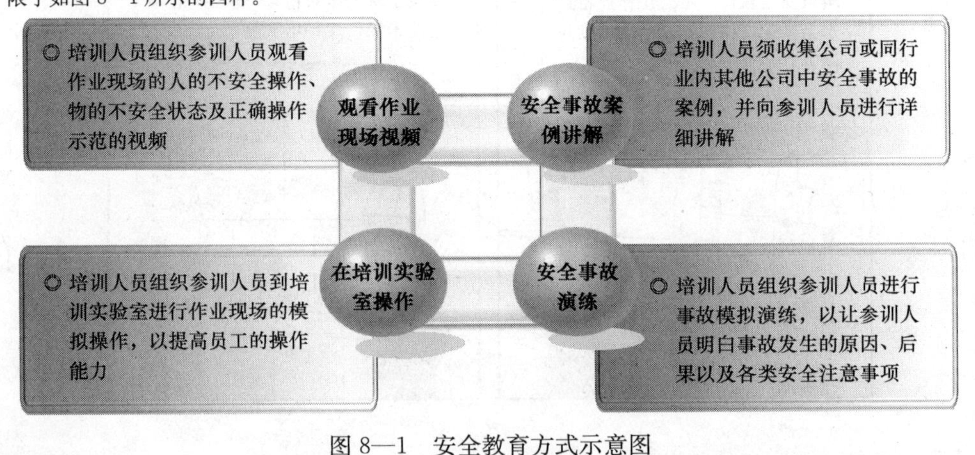

图 8—1　安全教育方式示意图

续表

<table>
<tr><td rowspan="2">制度名称</td><td colspan="3" rowspan="2">厂级安全教育实施制度</td><td>受控状态</td><td></td></tr>
<tr><td>编　　号</td><td></td></tr>
<tr><td>执行部门</td><td></td><td>监督部门</td><td></td><td>编修部门</td><td></td></tr>
</table>

第8条　编制安全教育计划表

计划编制小组须编制安全教育计划表，具体见表8—1。

表8—1　　××公司厂级安全教育计划表

<table>
<tr><td>时间</td><td>地点</td><td>内容</td><td>方式</td><td>教育对象</td><td>培训教师</td><td>备注</td></tr>
<tr><td></td><td></td><td></td><td></td><td></td><td></td><td></td></tr>
<tr><td></td><td></td><td></td><td></td><td></td><td></td><td></td></tr>
<tr><td>安全管理部
经理意见</td><td colspan="6">签字：______
日期：____年____月____日</td></tr>
<tr><td>人力资源部
经理意见</td><td colspan="6">签字：______
日期：____年____月____日</td></tr>
</table>

第9条　审批、确定厂级安全教育计划

编制小组完成安全教育计划的编制工作后，须将计划提交至安全总监及人力资源总监审批，审批通过后，确定、公布厂级安全教育计划。

第3章　实施教育计划

第10条　领取“三级安全教育卡”

新员工到达公司后，由安全专员陪同到人力资源部领取“三级安全教育卡”，安全部负责对其开展厂级安全教育。“三级安全教育卡”见表8—2。

表8—2　　三级安全教育卡

<table>
<tr><td>姓名</td><td></td><td>性别</td><td></td><td>年龄</td><td></td><td>文化程度</td><td></td></tr>
<tr><td>进厂日期</td><td></td><td>体检情况</td><td></td><td>工种</td><td></td><td>岗位</td><td></td></tr>
<tr><td rowspan="8">三级安全
教育情况</td><td colspan="7">厂级安全教育</td></tr>
<tr><td colspan="2">教育起止时间</td><td>教育内容</td><td>本人建议</td><td>考试成绩</td><td>培训人意见</td><td>备注</td></tr>
<tr><td colspan="2"></td><td></td><td></td><td></td><td></td><td></td></tr>
<tr><td colspan="2"></td><td></td><td></td><td></td><td></td><td></td></tr>
<tr><td colspan="7">车间安全教育</td></tr>
<tr><td colspan="2">教育起止时间</td><td>教育内容</td><td>本人建议</td><td>考试成绩</td><td>培训人意见</td><td>备注</td></tr>
<tr><td colspan="2"></td><td></td><td></td><td></td><td></td><td></td></tr>
<tr><td colspan="2"></td><td></td><td></td><td></td><td></td><td></td></tr>
</table>

续表

制度名称	厂级安全教育实施制度			受控状态	
				编　　号	
执行部门		监督部门		编修部门	

	班组安全教育					
	教育起止时间	教育内容	本人建议	考试成绩	培训人意见	备注
师徒合同号				师傅签字		
考试合格证号				发放日期		
培训部门意见	签字：______________ 日期：____年____月____日					
准上岗人意见	签字：______________ 日期：____年____月____日					

第 11 条　进行教育

安全管理部根据厂级安全实施教育计划对教育对象进行安全教育。

第 12 条　教育考核与总结

1. 人力资源部根据安全教育计划及教育要求编制考核计划，并在安全教育结束后____日内，完成厂级安全教育考核工作，编制“培训结果考核报告”。

2. 厂级安全教育考核合格者，人力资源部安排其接受车间安全教育，并将考核成绩计入员工档案；考试不合格者，人力资源部安排其接受再教育或根据公司相关情况予以处理。

3. 厂级安全教育完成后，接受教育的人员及教育者须对教育内容进行反馈与总结，并按“三级安全教育卡”要求填写“厂级安全教育”一栏的内容。

4. 厂级安全教育计划编制小组须根据“培训结果考核报告”及“三级安全教育卡”修订与完善厂级安全教育计划。

第 4 章　附　　则

第 13 条　本制度由人力资源部制定，其解释权、修订权归人力资源部所有。

第 14 条　本制度经总经理审批后执行。

修订记录	修订标记	修订处数	修订日期	修订执行人	审批签字

8.1.3　车间安全教育实施制度

制度名称	车间安全教育实施制度			受控状态	
				编　　号	
执行部门		监督部门		编修部门	

第1条　目的

为了增强车间员工安全生产意识，规范车间安全教育的实施工作，提高车间安全教育的效率，确保车间安全教育有效实施，特制定本制度。

第2条　适用范围

本制度适用于公司新入职员工、变换岗位的员工及特殊工作员工的车间级安全教育工作。

第3条　管理职责

1. 人力资源部、安全管理部负责车间安全教育培训计划的审核及培训效果的考核与评估整理工作。

2. 车间主任及车间安全员负责制定、实施、改进安全教育培训计划的工作。

第4条　确定安全教育培训人员

由车间主任及车间安全员负责车间安全教育培训。

第5条　明确教育培训内容

车间安全教育培训人员须根据车间的实际情况确定教育培训内容。车间安全教育培训内容须包括但不限于以下六部分：

1. 车间的概况，如车间生产的产品、工艺流程、车间人员结构、安全生产组织及活动情况等。

2. 车间的主要工种及相关专业安全要求。

3. 车间危险区域、特种作业场所、有毒或有害岗位的情况。

4. 车间劳动保护方面的相关规章制度，劳动保护用品的使用规范及注意事项。

5. 车间所涉及的安全技术基础知识。

6. 车间事故多发部位、原因及相关特殊规定和安全要求，并介绍车间常见事故，对典型事故案例进行详细剖析。

第6条　确定培训时间

车间安全教育培训人员根据车间的实际情况，在新员工到岗后的____天内完成。

第7条　选择培训方式

车间安全教育培训人员可根据实际情况采取内部培训和外部培训相结合，在职培训为主，外出培训为辅的培训方式。

第8条　明确培训纪律

1. 参训人员须提前____分钟到达培训地点并签到，如参训人员在培训课程结束前____分钟离开培训现场，则视此次签到无效。

2. 参训人员在教育培训期间不得随意请假，如有特殊情况须经部门经理批准，并将请假条交至人力资源部，否则以旷工论处。

3. 参训人员在培训过程中要遵守培训纪律，不得随意交谈。

第9条　制订、实施培训计划表

1. 车间安全教育培训人员须根据车间的实际情况及车间安全教育培训的实际要求，编制车间安全教育培训计划。

2. 车间安全教育培训人员在编制车间安全教育培训计划后，须将计划报安全部经理及人力资源部

续表

制度名称	车间安全教育实施制度			受控状态	
				编　　号	
执行部门		监督部门		编修部门	

经理审批，待审批通过后，组织车间安全教育培训的实施。

第10条　培训考核

1. 培训完成后，人力资源部协同安全管理部采用口试、笔试、实际操作演练等方式对参训人员进行考核，并做好考核记录。

组织员工参加外部培训的负责人须在培训结束后的____天内将培训报告及相关证明提交人力资源部，人力资源负责验证、考核、评分。

2. 考核合格者，人力资源部安排其接受班组安全教育，并将其考核成绩计入员工档案；考核不合格者，人力资源部依据公司相关规定进行处理。

3. 车间安全教育完成后，接受教育的人员及培训人员在____天内填写"三级安全教育卡"的"车间安全教育"一栏的内容。

第11条　培训效果评估

1. 培训结束后，参训人员根据培训结果填写"培训效果评估表"，并交人力资源部。

2. 人力资源部通过整理培训效果评估表，统计参训人员的意见，并及时反馈至车间安全教育培训人员，供其修订完善车间安全教育培训计划。

第12条　本制度由人力资源部制定，其解释权、修订权归人力资源部所有。

第13条　本制度经总经理审批后执行。

修订记录	修订标记	修订处数	修订日期	修订执行人	审批签字

8.1.4　班组安全教育实施制度

制度名称	班组安全教育实施制度			受控状态	
				编　　号	
执行部门		监督部门		编修部门	

第1条　目的

为了规范班组安全教育培训工作，增强班组员工安全生产意识，提高班组员工安全生产能力，特制定本制度。

第2条　适用范围

本制度适用于公司新入职员工、变换岗位的员工及特殊工作员工的班组级安全教育工作。

第3条　确定班组安全教育培训人员

各班组长负责本班组的安全教育培训工作。

第4条　确定培训内容

班组安全教育培训应包括但不限于以下三项内容：

续表

制度名称	班组安全教育实施制度			受控状态	
				编　　号	
执行部门		监督部门		编修部门	

1. 本岗位的安全操作规程和岗位责任以及紧急处理险情的方法。

2. 本班组的生产特点、作业环境、危险区域、设备状况、消防设施等。

3. 本班组各岗位需要使用的机械设备、设备的性能、设备的维护及防护装置的使用技巧。

第5条　确定培训方式

班组安全教育培训方式包括但不限于表8—3所示的三种。

表8—3　　班组安全教育培训方式说明

班组安全教育培训方式	方式说明
1. 安全操作示范	◆班组长安排有经验的员工进行安全操作示范，重点讲解安全操作要领，明确说明怎样操作是危险的、怎样操作是安全的，以及不遵守操作规程会造成什么样的严重后果
2. 班组长集中授课培训	◆班组长根据班组的实际情况组织召开安全教育培训课程，针对班组各岗位的职责、操作规范、安全生产要求等内容向班组成员进行培训
3. 举行周安全活动会	◆周安全活动会的活动内容 ① 国家安全生产相关法律法规 ② 公司各项安全生产管理制度及各岗位安全操作规范 ③ 公司典型事故案例分析及安全防护措施等 ◆班组长应安排安全活动会记录员做好活动记录，活动记录要求字迹工整、清晰，内容翔实；每月班组长负责检查确认

第6条　确定培训时间

1. 安全操作示范：员工结束车间安全教育，进入班组后的____天内；培训课时为____小时。

2. 班组长集中授课培训：员工结束车间安全教育，进入班组后的____天内或出现安全事故等特殊情况后的____天内；培训课时为____小时。

3. 班组长根据班组实际情况选择在每周周三、周四、周五下午____～____时安排班组周安全活动会。

第7条　制订、实施培训计划

1. 班组长须根据公司的相关规定及班组的实际情况制订班组安全教育培训计划，并报车间主任、安全主管及培训主管审批。

2. 班组长须依照审批通过的培训计划对本班组的员工进行安全教育培训。

第8条　培训效果考核与评估

1. 人力资源部须协同安全管理部根据公司的相关规定及班组安全教育培训的具体要求对班组员工进行培训效果考核。

2. 考核合格者，人力资源部安排员工进行上岗工作，并将其考核成绩计入员工档案；考核不合格者，人力资源部依据公司相关规定进行处理。

续表

制度名称	班组安全教育实施制度		受控状态	
			编　　号	
执行部门		监督部门	编修部门	

3. 把班组安全教育完成后，接受教育的人员及培训人员在____日内完成“三级安全教育卡”的相关的内容，并于____日内将三级安全教育卡交至人力资源部整理归档。

4. 培训结束后，参训人员根据培训结果填写“培训效果评估表”，并交人力资源部。

5. 人力资源部协同安全管理部根据“三级安全教育卡”及“培训效果评估表”等资料，对培训效果进行评估，并编制培训评估报告（见表8—4），报安全总监及人力资源总监审批后整理、归档。

表8—4　　××公司××培训评估报告

一、出勤情况				
序号	参训人员	培训执行率	缺勤情况	
			无故缺席	请假

二、培训反馈评估统计	
本次培训共收回____份有效培训反馈表	__人　I __分到__分　Ⅱ__分到__分　Ⅲ__分到__分　Ⅳ__分到__分　Ⅳ　Ⅲ　__人　I　__人　Ⅱ　__人
参训人员综合评分分布情况见右图	
本次培训的综合平均满意度为____分	

三、培训成果总结	
本次培训参训人员收获情况	1. ________ 2. ________
参训人员认为可应用到工作中的内容	1. ________ 2. ________
参训人员认为本次培训需改进之处	1. ________ 2. ________
参训人员希望提供哪些相关的培训课程及内容	1. ________ 2. ________ 3. ________

续表

<table>
<tr><td rowspan="2">制度名称</td><td colspan="3" rowspan="2">班组安全教育实施制度</td><td>受控状态</td><td></td></tr>
<tr><td>编　　号</td><td></td></tr>
<tr><td>执行部门</td><td></td><td>监督部门</td><td></td><td>编修部门</td><td></td></tr>
</table>

<table>
<tr><td colspan="4">四、培训反馈意见及分析回复</td></tr>
<tr><td colspan="2" rowspan="2">参训人员反馈意见</td><td colspan="2">分析回复</td></tr>
<tr><td>回复内容</td><td>审批人</td></tr>
<tr><td>1. ________</td><td>（1）__________
（2）__________</td><td>◎针对（1）的回复：________
◎针对（2）的回复：________</td><td></td></tr>
<tr><td>2. ________</td><td>（1）__________
（2）__________</td><td>◎针对（1）的回复：________
◎针对（2）的回复：________</td><td></td></tr>
<tr><td colspan="4">五、培训效果总结</td></tr>
<tr><td colspan="4">1. ______________________________
2. ______________________________</td></tr>
<tr><td>安全总监意见</td><td colspan="3">签字：__________
日期：____年____月____日</td></tr>
<tr><td>人力资源总监意见</td><td colspan="3">签字：__________
日期：____年____月____日</td></tr>
</table>

第 9 条　本制度由人力资源管理部制定、解释与修订。

第 10 条　本制度经总经理批准后执行。

<table>
<tr><td rowspan="3">修订记录</td><td>修订标记</td><td>修订处数</td><td>修订日期</td><td>修订执行人</td><td>审批签字</td></tr>
<tr><td></td><td></td><td></td><td></td><td></td></tr>
<tr><td></td><td></td><td></td><td></td><td></td></tr>
</table>

8.1.5　特殊工种安全教育制度

<table>
<tr><td rowspan="2">制度名称</td><td colspan="3" rowspan="2">特殊工种安全教育制度</td><td>受控状态</td><td></td></tr>
<tr><td>编　　号</td><td></td></tr>
<tr><td>执行部门</td><td></td><td>监督部门</td><td></td><td>编修部门</td><td></td></tr>
<tr><td colspan="6">第 1 章　总　　则
第 1 条　目的
为了规范特殊工种作业人员的安全教育培训工作，提高特殊工种作业人员的安全技术水平，防止或减少各类安全事故的发生，特制定本制度。</td></tr>
</table>

续表

<table>
<tr><td rowspan="2">制度名称</td><td colspan="3" rowspan="2">特殊工种安全教育制度</td><td>受控状态</td><td></td></tr>
<tr><td>编　　号</td><td></td></tr>
<tr><td>执行部门</td><td></td><td>监督部门</td><td></td><td>编修部门</td><td></td></tr>
</table>

第 2 条　适用范围

本制度适用于特殊工种作业人员的安全教育培训管理工作。

第 3 条　术语解释

1. 特殊工种作业，简称特种作业，是指容易发生人员伤亡事故，对操作人员及周围设施安全有重大危害的工种的作业的统称，具体类别如图 8—2 所示。

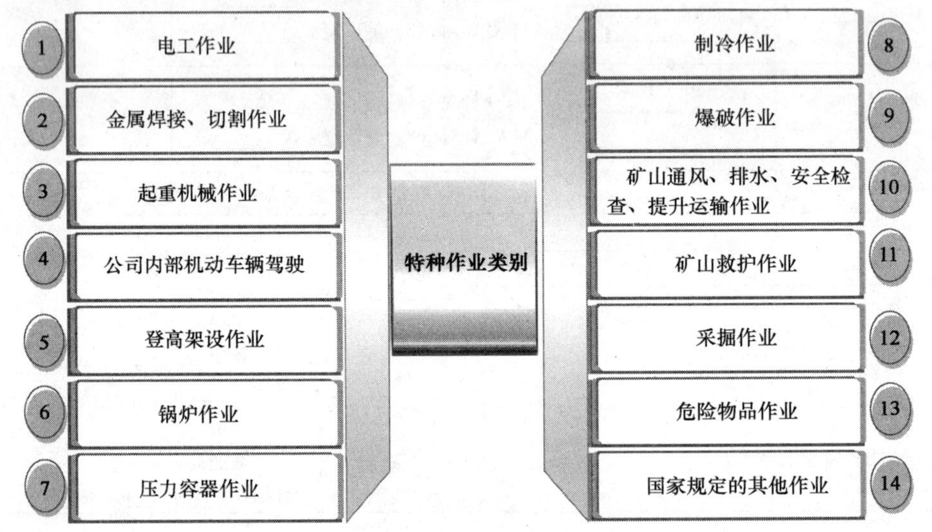

图 8—2　特种作业类别示意图

2. 特殊工种作业人员，指从事特殊工种作业的人员。

第 2 章　特种作业培训组织

第 4 条　公司各部门须在____月____日前根据各部门的实际情况及公司的统一部署，提交特种作业人员培训计划申请。

第 5 条　人力资源部审查批准培训计划，上报安全总监、人力资源总监批准后实施。

第 6 条　人力资源部须根据特种作业安全培训计划建立特种作业人员培训台账。

第 3 章　特种作业培训实施

第 7 条　安全管理部须根据已批准的培训计划，按照国家安全生产综合管理部门的培训要求，选择具备相应条件并经相关部门认可的培训机构，按期安排培训申请人参加国家规定的安全技术理论和实施操作培训。

第 8 条　申请特种作业培训的人员，须备齐培训所需的材料，并按照规定参加相应工作培训。

第 9 条　特种作业人员经过安全技术理论和实际操作培训考核合格后，由培训所在地的安全生产综合管理部门下发“特种作业操作证”。

第 10 条　培训考核未合格者，可进行一次补考。如补考仍未合格者，取消其从事特种作业操作资格。

续表

<table>
<tr><td rowspan="2">制度名称</td><td colspan="3" rowspan="2">特殊工种安全教育制度</td><td>受控状态</td><td></td></tr>
<tr><td>编　　号</td><td></td></tr>
<tr><td>执行部门</td><td></td><td>监督部门</td><td></td><td>编修部门</td><td></td></tr>
<tr><td colspan="6">第 11 条　特种作业人员取得操作证后，须依照公司的规定同公司有经验的正式员工签订师徒合同，并在师傅的指导下进行工作。
第 12 条　“特种作业操作证”在申请复查前，安全管理部须安排申请人员参加不少于____个学时的培训，培训内容包括安全生产法律法规、安全生产标准、安全生产新工艺及新技术等，并对申请人员进行考试。考试合格者准许申请人员申请复查；考试不合格者，进行再培训或申请延期复查。
第 4 章　特种作业人员的培训费用管理
第 13 条　特种作业人员培训取证所需费用，由特种作业人员垫付，通过考核合格后，由财务部负责统一办理报销手续。
第 14 条　特种作业人员培训一次未合格者，补考所发生的费用由个人负担。补考未合格者所有费用不予报销。
第 5 章　附　　则
第 15 条　本制度由人力资源部制定，其解释权、修订权归人力资源部所有。
第 16 条　本制度经总经理批准后执行。</td></tr>
</table>

<table>
<tr><td rowspan="3">修订记录</td><td>修订标记</td><td>修订处数</td><td>修订日期</td><td>修订执行人</td><td>审批签字</td></tr>
<tr><td></td><td></td><td></td><td></td><td></td></tr>
<tr><td></td><td></td><td></td><td></td><td></td></tr>
</table>

8.1.6　员工安全意识教育制度

<table>
<tr><td rowspan="2">制度名称</td><td colspan="3" rowspan="2">员工安全意识教育制度</td><td>受控状态</td><td></td></tr>
<tr><td>编　　号</td><td></td></tr>
<tr><td>执行部门</td><td></td><td>监督部门</td><td></td><td>编修部门</td><td></td></tr>
<tr><td colspan="6">第 1 条　目的
为了规范员工安全意识教育工作，提高员工安全意识，保证公司的生产安全及员工人身安全，特制定本制度。
第 2 条　适用范围
本制度适用于员工安全意识教育培训工作。
第 3 条　管理职责
1. 安全管理部负责安全意识教育培训的实施工作。
2. 人力资源部负责评估培训效果及管理培训档案等工作。
第 4 条　培训时间
安全管理部须根据公司的实际情况及培训对象的不同，确定合适的培训时间，具体见表 8—5。</td></tr>
</table>

续表

制度名称	员工安全意识教育制度			受控状态	
				编　　号	
执行部门		监督部门		编修部门	

表 8—5　　安全意识培训时间安排表

培训对象	开始时间	期限	备注
新员工	新员工报到的第____天	____个学时	
调岗或复岗员工	员工到岗前____天	____个学时	
在岗员工	发生安全事故或新的安全生产规定颁布后的第____天	____个学时	

第 5 条　培训内容

员工安全意识培训须包括但不限于下述六项内容：

1. 国家安全生产法律法规。

2. 公司的安全生产规章制度。

3. 岗位的安全职责、操作规程及特定风险。

4. 作业场所特定的安全生产要求。

5. 事故报告及应急处理程序。

6. 防护用品的配备情况及使用要求。

第 6 条　培训形式

公司员工安全意识教育培训以课堂讲授为主、实际操作为辅的方式进行。

第 7 条　培训实施

安全管理部协同人力资源部根据公司的实际情况编制员工安全意识培训计划，并按照培训计划组织实施。

第 8 条　培训纪律

1. 参训人员须按时参加安全意识培训，并在培训签到表上签到和签退，如未签到或签退，视为旷课。

2. 参训人员不得无故缺席、迟到、早退，如因故不能参加培训，必须在开课前____天向所在部门主管请假，并将请假条交至人力资源部备案。

3. 参训人员须严格遵守课堂纪律，认真听讲，做好笔记，严禁大声喧哗、交头接耳。

4. 上课时各类通信工具一律置于无声状态或关闭。如需接听电话或打电话，参训人员须到教室外接听或打电话，以免影响他人听讲。

5. 培训期间无故迟到、早退累计次数在____次以下者，按旷工半天处理；超过____次者，按旷工 1 天处理；情节严重者，记过 1 次。

第 9 条　培训评估

培训结束后，人力资源部采取考试、问卷调查、实际操作等方法对员工安全意识培训的效果进行评估与考核，并按照公司的相关规定编制评估报告。

续表

<table>
<tr><td rowspan="2">制度名称</td><td colspan="3" rowspan="2">员工安全意识教育制度</td><td>受控状态</td><td></td></tr>
<tr><td>编　　号</td><td></td></tr>
<tr><td>执行部门</td><td></td><td>监督部门</td><td></td><td>编修部门</td><td></td></tr>
</table>

第 10 条　培训档案管理

人力资源部须建立员工培训档案，将员工接受培训的具体情况和培训结果记录备案。员工培训档案须包括但不限于培训时间、培训地点、培训内容、培训目的、员工培训效果自我评价、培训考核成绩等内容。

第 11 条　本制度由人力资源部制定、解释与修订。

第 12 条　本制度经总经理批准后颁布，自____年____月____日起执行。

<table>
<tr><td rowspan="3">修订记录</td><td>修订标记</td><td>修订处数</td><td>修订日期</td><td>修订执行人</td><td>审批签字</td></tr>
<tr><td></td><td></td><td></td><td></td><td></td></tr>
<tr><td></td><td></td><td></td><td></td><td></td></tr>
</table>

8.1.7　调岗复岗人员安全教育制度

<table>
<tr><td rowspan="2">制度名称</td><td colspan="3" rowspan="2">调岗复岗人员安全教育制度</td><td>受控状态</td><td></td></tr>
<tr><td>编　　号</td><td></td></tr>
<tr><td>执行部门</td><td></td><td>监督部门</td><td></td><td>编修部门</td><td></td></tr>
</table>

第 1 章　总　　则

第 1 条　目的

为了规范调岗复岗人员的安全教育培训工作，让调岗复岗工作人员能够尽快熟悉新的操作规程，从而能够更好地适应新的工作角色，提高工作效率，特制定本制度。

第 2 条　适用范围

本制度适用于公司调岗复岗人员的安全教育培训工作。

第 3 条　管理职责

1. 人力资源部负责组织调岗复岗员工的培训工作。

2. 安全管理部协助人力资源部组织调岗复岗员工的培训工作。

3. 公司各部门负责本部门调岗复岗员工培训的申请工作。

第 2 章　调岗人员安全培训

第 4 条　调岗人员的界定

1. 在车间内或公司内调换工作的人员。

2. 调换到与原工作岗位操作方法存在差异的岗位的人员。

第 5 条　调岗人员安全培训实施

1. 各部门须根据各部门员工调岗的实际情况，提交调岗人员安全教育培训申请。

2. 人力资源部根据公司的实际情况及各部门调岗培训申请，协同安全管理部编制调岗人员安全培训计划，并组织进行调岗人员的培训工作。

3. 调岗人员自人力资源部签署调令____日内，按照公司的相关要求，参加变换岗位培训。

续表

制度名称	调岗复岗人员安全教育制度			受控状态	
				编　　号	
执行部门		监督部门		编修部门	

4. 人力资源部负责对调岗人员进行厂级安全教育培训，调岗人员新到的车间主任负责对调岗人员进行车间安全教育培训。

5. 对于从一般工种岗位调到特殊工种岗位人员，公司须严格按照公司特种工种安全教育制度的相关规定对调岗人员进行培训。

第 6 条　调岗培训处罚

未经调岗培训教育进入新岗位，部门主管及当事人按违章指挥与违章作业的相关规定处罚。

第 3 章　复岗安全培训

第 7 条　复岗人员界定

复岗人员是指长期脱离工作岗位后需要重新回到原岗位工作的人员，主要包括以下三类人员：

1. 脱岗外出学习或外借半年以上的人员。

2. 工伤后的复岗人员。

3. 休病假或产假等半年以上人员。

第 8 条　复岗人员培训内容

1. 对于因工伤后复岗的人员，应对复岗者进行安全意识、岗位安全操作技能、安全预防和安全对策方面的教育，注重其操作技能的提高，并克服操作上的失误，增强预防事故的信心。

2. 对因休假复岗或脱岗学习及外借复岗的人员，应针对不同的心理特点，结合复岗者的具体情况，采用重复安全操作规程、熟悉机械设备的性能、进行实际操作练习等方式对复岗人员进行培训，提高其安全操作能力，增强其安全生产的信心。

第 9 条　复岗人员培训程序

1. 复岗人员所在部门根据公司的相关规定及部门复岗人员的情况，提交复岗人员培训申请。

2. 人力资源部审批各部门的调岗培训申请，并协同安全管理部编制、实施复岗人员安全培训计划。

3. 人力资源部负责对复岗人员进行厂级安全教育培训，复岗人员所在的车间及班组负责对复岗人员进行车间和班组安全教育培训。

4. 复岗人员安全教育培训结束后，人力资源部负责对参训人员进行考核，并为考核合格者办理复岗手续。考核不合格者，人力资源部不予办理复岗手续，并按照公司的相关规定进行处理。

5. 复岗员工凭复岗手续上岗工作。无复岗手续，部门负责人不得安排工作。无复岗手续上岗作业的，部门负责人及当事人按违章指挥及违章作业的相关规定进行处理。

第 4 章　附　　则

第 10 条　本制度由人力资源部负责制定、解释与修订。

第 11 条　本制度经总经理批准后颁布，自颁布公示之日起执行。

修订记录	修订标记	修订处数	修订日期	修订执行人	审批签字

8.2　安全作业许可证制度

8.2.1　用漫画解说制度

8.2.2 安全作业许可证管理制度

制度名称	安全作业许可证管理制度			受控状态	
				编　　号	
执行部门		监督部门		编修部门	

第1章　总　　则

第1条　目的

为了规范安全作业许可证的管理工作，切实保障公司生产安全，特制定本制度。

第2条　适用范围

本制度适用于公司各类安全作业许可证的管理工作。

第2章　安全作业许可证分类

第3条　作业类别

公司作业人员在进行如图8—3所示的九项作业时须办理安全作业许可证。

动火作业	进入受限空间内作业	临时用电作业
动土作业	设备检（维）修作业	高处作业
吊装作业	断路作业	抽堵盲板作业

图8—3　持证作业类别一览

第4条　安全作业许可证类别

安全作业许可证根据作业类别分为以下九类：

1. 动火作业许可证。
2. 进入受限空间内作业许可证。
3. 临时用电作业票。
4. 动土作业许可证。
5. 设备检修作业许可证。
6. 登高作业许可证。
7. 吊装安全作业票。
8. 断路作业许可证。
9. 抽堵盲板安全作业许可证。

第3章　安全作业许可证办理流程

第5条　安全作业许可证申请

1. 作业人员须在作业前认真进行作业风险分析，列出一切可能发生的风险，并将风险分析结果填写在作业许可证上。

续表

制度名称	安全作业许可证管理制度			受控状态	
				编　　号	
执行部门		监督部门		编修部门	

2. 作业人员须按照公司的相关规定认真逐项填写安全作业许可证，不得空缺；安全作业许可证上未列出的事项须在补充栏内详细填写；作业部门负责人须在安全作业许可证上签字确认。

第6条　安全作业许可证审批

1. 作业证申请人持作业部门负责人签字确认的作业许可证通知审批人。审批人接到通知后，须到作业现场对各项安全措施及注意事项进行核实，并在各项措施落实好后再签字批准。

2. 安全作业许可证审批权限

公司相关部门负责安全许可证的审批工作，各安全作业许可证及其归口管理部门见表8—6。

表8—6　　安全作业许可证与归口管理部门对应表

安全作业许可证	归口管理部门
动火作业许可证	◎二级动火、一级动火分别由生产车间、生产部审批 ◎特殊动火由安全管理部审批
进入受限空间内作业许可证、登高作业许可证、抽堵盲板安全作业许可证	安全管理部审批
临时用电作业票、吊装安全作业票、设备检修作业许可证	生产部审批
动土作业许可证、断路作业许可证	基建部审批

3. 如因特殊情况需多方会签的，由作业部门组织相关人员会审，各方共同会签后，交安全总监审批。

第7条　安全作业许可证存档

安全作业许可证审批通过后，审批部门和作业部门各保存一份备查。安全作业许可证的存档期为____年。

第4章　安全作业许可证管理

第8条　安全作业许可证使用规定

1. 安全作业许可证分发给岗位考核合格的作业人员，岗位考核不合格的作业人员不能获得安全作业许可证。

2. 无证者不得使用相关生产设备，且不得进行独立操作。

3. 持证人员作业时须随身携带安全作业许可证。

4. 安全作业许可证不得转让、涂改、异地使用或扩大使用范围，且要保持票证清楚、整洁。

5. 安全作业许可证应在规定的使用期限内使用，超过票证时限，作业人员须重新办理作业许可证。

6. 作业人员要依照安全作业许可证的要求进行作业，不得擅自修改许可证内容。如工作内容或工作程序变更，作业人员须重新办理安全作业许可证。

7. 作业人员如违反操作规程或安全技术规程，安全员有权收回安全作业许可证，并责令其停止工作。

第9条　安全作业许可证发放规定

1. 安全作业许可证须按国家行业有关的标准及规定，经公司批准下发执行。

2. 安全作业许可证由安全管理部编制样表，并统一印刷下发公司各部门。

续表

<table>
<tr><td rowspan="2">制度名称</td><td colspan="3" rowspan="2">安全作业许可证管理制度</td><td>受控状态</td><td></td></tr>
<tr><td>编　　号</td><td></td></tr>
<tr><td>执行部门</td><td></td><td>监督部门</td><td></td><td>编修部门</td><td></td></tr>
<tr><td colspan="6">第5章　附　　则
第10条　本制度由安全管理部制定，其解释权、修订权归安全管理部所有。
第11条　本制度经总经理审批后执行。</td></tr>
</table>

修订记录	修订标记	修订处数	修订日期	修订执行人	审批签字

8.2.3　特种作业操作证管理制度

<table>
<tr><td rowspan="2">制度名称</td><td colspan="3" rowspan="2">特种作业操作证管理制度</td><td>受控状态</td><td></td></tr>
<tr><td>编　　号</td><td></td></tr>
<tr><td>执行部门</td><td></td><td>监督部门</td><td></td><td>编修部门</td><td></td></tr>
</table>

第1条　目的

为了规范特种作业操作证的管理工作，加强特种作业操作证的规范使用，保障特种作业的生产安全，特制定本制度。

第2条　适用范围

本制度适用于特种作业操作证的管理工作。

第3条　作业人员在进行如图8—4所示的特种作业前，需申请办理特种作业操作证。

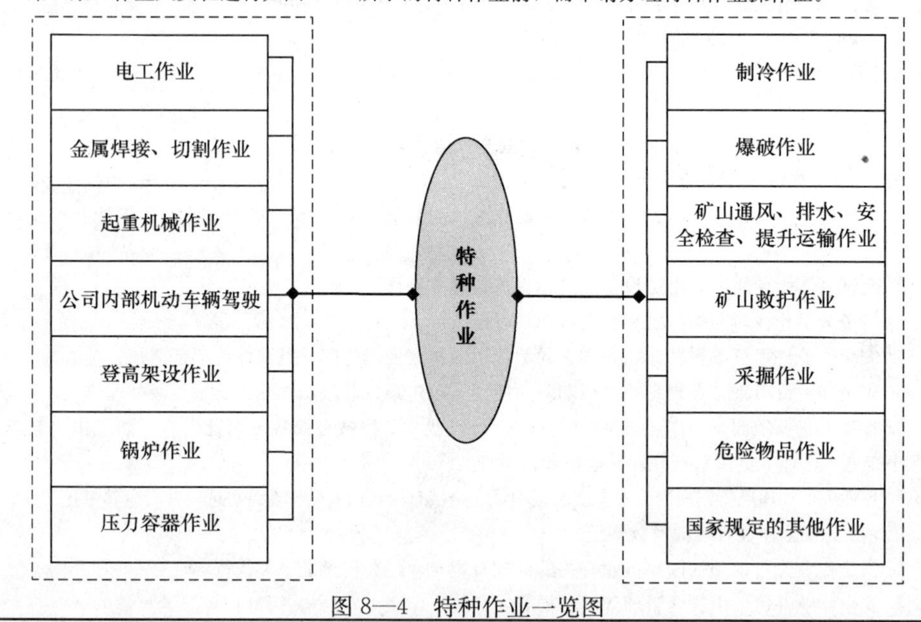

图8—4　特种作业一览图

续表

<table>
<tr><td>制度名称</td><td colspan="3" rowspan="2">特种作业操作证管理制度</td><td>受控状态</td><td></td></tr>
<tr><td></td><td>编　号</td><td></td></tr>
<tr><td>执行部门</td><td></td><td>监督部门</td><td></td><td>编修部门</td><td></td></tr>
</table>

第4条　作业人员须满足下列四项条件，方可申请特种作业操作证。

1. 年满18周岁，且不超过国家法定退休年龄。

2. 具有初中及以上文化程度，危险化学品特种作业人员须具备高中或相当于高中及以上文化程度。

3. 经社区或者县级以上医疗机构体检合格，无妨碍从事相应特种作业的器质性心脏病、癫痫病、眩晕症、精神病、痴呆症以及其他疾病和生理缺陷。

4. 接受特种作业相关培训，并掌握一定的安全技术知识与技能。

第5条　符合第4条所有条件的作业人员，当向其户籍所在地或者公司所在地的考核发证机关申请办理特种作业操作证，并提交身份证复印件、学历证书复印件、体检证明、考试合格证明等材料。

第6条　特种作业人员的工作如涉及两种或两种以上的特种作业时，须在作业前同时办理相关的全部的特种作业操作证，并在所有特种作业操作证办理齐全后，进行安全作业。

第7条　特种作业操作证在有效期限内不得转让、涂改、异地使用或扩大使用范围。

第8条　如生产工艺条件、作业环境等发生改变或特种作业操作证超过有效期限，持证人员须向原考核发证机关提出书面申请，重新办理特种作业操作证。

第9条　特种作业操作证遗失的，持证人员须向原考核发证机关提出书面申请。经原考核发证机关审查同意后，予以补发。

第10条　离开特种作业岗位____个月以上的特种作业人员，应当重新进行实际操作考试，经确认合格后方可上岗作业。

第11条　安全管理部须建立特种作业人员复审台账，组织进行资格证书的复审工作。

1. 特种作业操作证由考核发证机关每3年复审一次。

2. 特种作业人员在特种作业操作证有效期内，连续从事本工种10年以上，且严格遵守有关安全生产法律法规，经原考核发证机关或者从业所在地考核发证机关同意，特种作业操作证的复审时间可以延长至每6年一次。

3. 在操作证期满前____日内，安全管理部负责向原考核发证机关提出申请，并提交下列材料：

（1）县级以上医疗机构出具的健康证明。

（2）从事特种作业的情况。

（3）安全培训考试合格记录。

4. 复查合格的，由复查机关签字、登记，予以确认。复查不合格者，公司安全管理部可于____日内向复查机关申请再次复查，复查再不合格或未按期复查的，特种作业操作证无效。

第12条　出现下列情形之一的，特种作业操作证失效，作业人员须重新办理操作证。

1. 超过特种作业操作证有效期并且未延期复审的。

2. 特种作业人员的身体条件已不适合继续从事特种作业的。

3. 对发生生产安全事故负有责任的。

4. 特种作业操作证记载虚假信息的。

5. 以欺骗、贿赂等不正当手段取得特种作业操作证的。

特种作业人员违反前款第4项和第5项规定的，按照相关法规规定，作业人员3年内不得再次申请特种作业操作证。

第13条　作业人员未办理特种作业操作证而上岗操作的，对作业人员所在班组班组长、车间安全员及作业人员分别罚款____元、____元、____元，情节严重者加倍处罚。

第14条　作业人员办理特种作业操作证但未持证上岗作业的，对作业人员所在班组班组长、车间

续表

<table>
<tr><td rowspan="2">制度名称</td><td colspan="3" rowspan="2">特种作业操作证管理制度</td><td>受控状态</td><td></td></tr>
<tr><td>编　号</td><td></td></tr>
<tr><td>执行部门</td><td></td><td>监督部门</td><td></td><td>编修部门</td><td></td></tr>
<tr><td colspan="6">安全员及作业人员分别罚款____元、____元、____元，并扣除作业人员当月安全奖。
第 15 条　本制度由安全管理部制定，其解释权、修订权归安全管理部所有。
第 16 条　本制度经总经理批准后执行。</td></tr>
</table>

修订记录	修订标记	修订处数	修订日期	修订执行人	审批签字

8.3 安全教育效果评估制度

8.3.1 用漫画解说制度

8.3.2　安全生产教育考试制度

<table>
<tr><td rowspan="2">制度名称</td><td rowspan="2" colspan="3">安全生产教育考试制度</td><td>受控状态</td><td></td></tr>
<tr><td>编　　号</td><td></td></tr>
<tr><td>执行部门</td><td></td><td>监督部门</td><td></td><td>编修部门</td><td></td></tr>
</table>

第1条　为了规范安全生产教育考核工作，有效确定安全生产教育培训的效果，特制定本制度。

第2条　本制度适用于公司安全生产教育考试的管理工作。

第3条　安全生产教育培训结束后____天内，人力资源部协同安全管理部组织参训人员参加安全生产教育考试。

第4条　公司安全生产教育考试形式一般有如下三种，由人力资源部根据公司的实际情况及培训内容、培训对象的特点选择考试形式：

1. 口试。
2. 笔试。
3. 实际操作演练。

第5条　安全生产教育口试相关规定。

1. 口试适用于政策方针、制度规范学习效果的考核。
2. 人力资源部根据参加口试人员的实际情况及培训效果的要求，制订口试计划，见表8—7。

表8—7　　××公司安全教育口试计划表

考试时间	考试地点	考试内容概述	考生姓名	考察人姓名	备注

3. 人力资源部协同安全管理部依照计划表的安排进行口试。
4. 考察人须根据公司的相关规定和考生回答内容的正确性和准确性，以及考生回答的流畅完整程度确定其分数。

第6条　安全生产教育笔试相关规定。

1. 安全生产教育笔试适用于设备操作规范及使用方法等内容掌握程度的考核。
2. 安全管理部须在考试前____天，根据安全生产教育要求完成笔试试卷的编制工作。
3. 考试前，人力资源部应安排专人负责笔试试卷保管工作。
4. 出题人和试卷保管人严禁在考试前泄露试卷内容。
5. 考试过程中，考生须严格遵守考场纪律，不得交头接耳，传递答案。一旦发现作弊行为，相关人员考试成绩记零分，并罚款____元。
6. 人力资源部负责笔试试卷的判卷、打分与登记分数的工作。

第7条　安全生产教育实际操作演练的相关规定。

1. 实际操作演练适用于考核参训人员实际操作和现场应变能力。
2. 人力资源部须根据考试的实际情况安排部分车间或专门的操作实验室作为考核地点。
3. 安全管理部、考生所在部门主管须按作业指导的规定对考生的安全生产实际操作能力进行考核。
4. 考试不合格者，统一于考试结束后参加补考。补考不合格者，人力资源部根据公司相关规定处理。

续表

制度名称	安全生产教育考试制度			受控状态	
				编　　号	
执行部门		监督部门		编修部门	

第 8 条　考试结束后，监考人员须及时填写“员工安全生产教育考试成绩表”（见表 8—8），并报安全管理部、人力资源部分析存档。

表 8—8　　员工安全生产教育考试成绩表

编号：　　　　　　　　　　　　　　　　　　制表日期：____年____月____日

员工姓名			部门		
入职时间			职位		
培训课程			分数	掌握程度	考评人
合计				—	—
考核意见	签字：______________ 日期：____年____月____日				
考核人		安全管理部经理		人力资源部经理	

注：不可量化的指标由考核人按照公司的相关规定及学员表现综合评价并打分。

第 9 条　本制度由人力资源部制定、解释与修订。

第 10 条　本制度经总经理批准后，自颁布之日起执行。

修订记录	修订标记	修订处数	修订日期	修订执行人	审批签字

8.3.3　安全生产教育评估制度

制度名称	安全生产教育评估制度			受控状态	
				编　　号	
执行部门		监督部门		编修部门	

第 1 条　目的

为了规范安全生产教育的评估工作，确保公司安全生产教育得到有效评估，以保证安全生产教育的实用性和适用性，特制定本制度。

第 2 条　适用范围

本制度适用于公司安全生产教育的评估工作。

续表

<table>
<tr><td rowspan="2">制度名称</td><td colspan="3" rowspan="2">安全生产教育评估制度</td><td>受控状态</td><td></td></tr>
<tr><td>编　　号</td><td></td></tr>
<tr><td>执行部门</td><td></td><td>监督部门</td><td></td><td>编修部门</td><td></td></tr>
</table>

第 3 条　成立评估小组

公司须成立评估小组负责安全生产教育的评估工作。评估小组由人力资源部经理、培训主管、安全主管、培训专员等相关人员构成，其中由人力资源部经理担任组长。

第 4 条　确定评估内容

安全生产教育培训内容须包括但不限于以下四项：

1. 培训的组织管理。
2. 培训讲师的配备情况。
3. 培训内容的实用情况。
4. 培训过程中存在的问题及需改进的地方。

第 5 条　选择评估方法

评估小组需根据公司的实际情况及培训的特点，选择评估方法。安全生产教育的评估方法具体见表 8—9。

表 8—9　　教育培训评估方法一览表

方法名称	方法概述
问卷调查法	◎评估小组须根据培训内容编制调查问卷，调查问卷包括问卷名称、填写说明、问卷主体、致谢等内容 ◎培训结束后，评估小组须及时将问卷发放给参训人员和培训教师，待其填写完成后收回 ◎评估小组须根据相关规定判定有效问卷，排除无效问卷，并对有效问卷进行分析总结
访谈评估法	◎评估小组须在访谈前完成访谈清单的设计工作，须将访谈的所有问题在清单中一一列出 ◎培训结束后，评估小组须按照访谈清单的内容同参训人员进行访谈，并做好访谈记录 ◎访谈结束后，被访谈者须在访谈记录上签字确定，之后评估小组对访谈记录进行整理总结
直接观察法	◎评估小组须在培训实施过程中及结束后，观察参训人员在培训过程中反映的情况及其在培训结束后的工作表现 ◎评估小组可采取观察记录或录像的方式进行观察，且及时将观察信息记录到培训观察表，并通过对比培训前与培训后的工作业绩，评估培训的效果
笔试测试法	◎评估小组可通过笔试测试检验参训人员对企业规章制度、产品知识、专业知识等内容的掌握情况 ◎评估小组须根据培训内容及要求编制考试试卷，并在培训结束后组织笔试测试

续表

制度名称	安全生产教育评估制度		受控状态	
			编　　号	
执行部门		监督部门	编修部门	

方法名称	方法概述
操作测验法	◎评估小组可通过操作测验评估参训人员对技能掌握的熟练程度，多适用于在岗培训 ◎评估小组采取此方法进行评估的关键是须对动作标准、时间间隔及生产定额等内容进行事先规定 ◎评估小组须在员工参加培训前组织员工进行操作性测验，并做好测验记录，同时设定员工所须达到的标准。员工接受培训后，评估小组再次组织员工进行操作性测验，并将测验结果同预先设定的操作标准进行对比，以评估培训效果

第 6 条　进行评估

评估小组组织对参训人员进行评估，在评估过程中须注意下列事项：

1. 根据培训的要求及评估的实际情况选择评估方式。
2. 在评估前完成各项准备工作。
3. 在评估时做到公平与公正。
4. 做好评估记录。

第 7 条　编制评估报告

评估结束后，评估小组须及时整理分析各项评估资料，并根据评估资料编制评估报告，并报人力资源总监审批后存档。培训效果评估报告的编写可参考表 8—10 所示模板。

表 8—10　　××培训效果评估报告

一、培训整体的实施情况

通过培训需求分析，人力资源部协同安全管理部针对员工的工作行为表现，发现不少员工在实际工作中常常出现______________等问题。针对这些问题，人力资源部和安全管理部进行了有效分析，并结合年度培训计划提出此次培训方案，并于____年____月____日至____年____月____日在____举行了____安全教育培训。

二、培训评估结果

1. 培训评估调查反馈情况（略）
2. 培训考核情况（略）
3. 培训效果评估（略）
4. 培训成本

此次培训成本控制在预算范围内/超出公司预算，符合/不符合公司规定的目标值。

三、培训工作小结

1. 此次培训比较好的方面（略）
2. 此次培训存在的问题及需改进的地方（略）

续表

<table>
<tr><td rowspan="2">制度名称</td><td colspan="3" rowspan="2">安全生产教育评估制度</td><td>受控状态</td><td></td></tr>
<tr><td>编　　号</td><td></td></tr>
<tr><td>执行部门</td><td></td><td>监督部门</td><td></td><td>编修部门</td><td></td></tr>
</table>

<table>
<tr><td>培训教师</td><td></td><td>考核人</td><td></td><td>评估人</td><td></td></tr>
<tr><td>人力资源
总监意见</td><td colspan="5">签字：____________
日期：____年____月____日</td></tr>
</table>

第 8 条　本制度由人力资源部制定，其解释权、修订权归人力资源部所有。

第 9 条　本制度经总经理批准后执行。

<table>
<tr><td rowspan="3">修订记录</td><td>修订标记</td><td>修订处数</td><td>修订日期</td><td>修订执行人</td><td>审批签字</td></tr>
<tr><td></td><td></td><td></td><td></td><td></td></tr>
<tr><td></td><td></td><td></td><td></td><td></td></tr>
</table>

第 9 章

企业消防安全管理制度

9.1 重点防火部位管理制度

9.1.1 用漫画解说制度

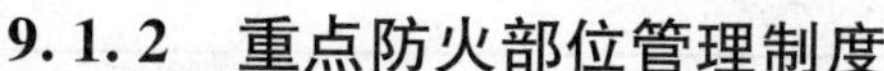

9.1.2　重点防火部位管理制度

制度名称	重点防火部位管理制度			受控状态	
				编　　号	
执行部门		监督部门		编修部门	

第1章　总　　则

第1条　目的

为了加强对重点部位的防火管理，有效预防和减少火灾的发生，保证公司员工和财产的安全，根据国家相关法律法规和公司相关规定，特制定本制度。

第2条　适用范围

本制度适用于公司生产经营场所内，所有重点防火部位的管理工作。

第3条　执行部门

公司重点防火部位的管理工作由安全环保部具体负责。

第2章　重点防火部位的责任划分

第4条　制定管理制度

安全环保部应根据国家相关法律法规，结合公司具体情况，制定科学合理的重点防火部位的相关管理制度，经相关领导审批通过后，严格监督执行。

第5条　明确重点防火部位

安全环保部相关人员应认真调查、盘点公司的所有火灾隐患部位，并根据一定的标准对防火部位进行评估分类，明确指明公司范围内的重点防火部位。

第6条　明确防火部位负责人

安全环保部应明确指明所有重点防火部位的管理负责人（见表9—1），并依据公司相关规定与其签订“重点防火部位安全责任书”，督促其做好重点防火部位的安全防火工作。

表9—1　　重点防火部位负责人列表

编号	防火部位具体位置	负责人	联系电话	备注

第3章　重点防火部位的日常管理

第7条　设置防火标志

安全环保部应根据重点防火部位的特点，在其附近设置相应的防火标志，比如禁烟标志、严禁明火作业标志、手动报警器标志、安全出口标志等。

第8条　配备消防设备

1. 安全环保部应为重点防火部位配备合理的消防设备（如灭火器、消防栓、报警器、消防梯等），并指定重点防火部位负责人负责具体的维护保管工作。

2. 安全环保部相关人员定期对各重点防火部位的消防设备进行检查盘点，对出现异常的消防设备应按照相关规定进行及时更换，并查明异常原因，追究相关人员责任。

3. 安全环保部和人力资源部应加强对防火部位负责人消防设备使用的培训，使其能正确使用各种消防设备设施，减少火灾损失。

第9条　加强消防巡检

安全环保部相关人员应加强对重点防火部位的巡检力度，认真检查并及时排除可能存在的安全隐患，确保重点防火部位的安全。

第4章　重点防火部位的消防救援

第10条　成立消防救援小组

安全环保部应组织成立消防救援小组，及时应对可能出现的火灾事故。

续表

<table>
<tr><td rowspan="2">制度名称</td><td colspan="3" rowspan="2">重点防火部位管理制度</td><td>受控状态</td><td></td></tr>
<tr><td>编　　号</td><td></td></tr>
<tr><td>执行部门</td><td></td><td>监督部门</td><td></td><td>编修部门</td><td></td></tr>
<tr><td colspan="6">第 11 条　进行消防救援
当重点防火部位发生火灾事故时，该防火部位负责人应立即进行报警，并根据具体情况进行紧急灭火或快速离开危险区域。消防救援小组接到报警后，应立即准备消防装备，及时赶到火灾现场，采取有效措施进行消防灭火。
第 12 条　扩大消防响应
若火灾难以控制，公司应及时扩大消防响应，调动更多的资源参加火灾应急救护，最大限度地减少人员伤亡，降低事故损失。
第 5 章　附　　则
第 13 条　本制度由安全环保部负责制定、修改和解释工作。
第 14 条　本制度经有关领导审批通过后，自____年____月____日起正式实施。</td></tr>
</table>

修订记录	修订标记	修订处数	修订日期	修订执行人	审批签字

9.1.3　防火部位火种管理制度

<table>
<tr><td rowspan="2">制度名称</td><td colspan="3" rowspan="2">防火部位火种管理制度</td><td>受控状态</td><td></td></tr>
<tr><td>编　　号</td><td></td></tr>
<tr><td>执行部门</td><td></td><td>监督部门</td><td></td><td>编修部门</td><td></td></tr>
<tr><td colspan="6">第 1 条　目的
为了加强对防火部位火种的管理，有效减少和消除火种引发的安全事故，保障公司员工与财产的安全，特制定本制度。
第 2 条　适用范围
本制度适用于公司所有防火部位火种的管理工作。
第 3 条　职责分工
1. 防火部位负责人应认真负责本部位的消防检查工作，严禁出现非法火种。
2. 安全环保部相关人员应加强对防火部位的安全巡检力度，及时有效地消除可能出现的火种。
3. 公司所有人员应杜绝在防火部位非法制造火种，发现非法火种时，应立即联系相关人员进行处理。
第 4 条　火种的种类
在实际工作中，公司常见的火种种类见表 9—2。</td></tr>
</table>

表 9—2　　火种种类列表

序号	火种种类	火种说明
1	烟火（如火柴、点燃的香烟、打火机等）	火柴、点燃的香烟、打火机都直接或间接产生明火，在公司防火部位极容易引发火灾
2	电器火花	电器在使用过程中，很容易出现火花，进而引发火灾事故
3	机动车尾气	机动车尾气中常常带有未燃尽的油气，这些油气往往带有火星，从而容易成为引发火灾的火种
4	烟花爆竹	烟火爆竹在燃放时会产生大量的火星和较高的温度，若燃放的烟花爆竹落入防火部位，很可能成为引发火灾的火种

续表

制度名称	防火部位火种管理制度			受控状态	
				编　　号	
执行部门		监督部门		编修部门	

第5条　火种管理的负责人

防火部位负责人即为该区域火种管理的负责人。火种管理负责人应根据公司相关规定，严格检查安全隐患，杜绝防火部位范围内的火种出现。

第6条　火种管理的措施

1. 安全环保部相关人员应在每个防火部位设置合适的警示牌（如禁止烟火、禁止明火的警示牌等），以提醒其他人员杜绝火种的产生。

2. 防火部位负责人应严禁相关人员在防火区域内吸烟、燃放烟花爆竹等。

3. 安全环保部应明确规定禁止无关人员随意进入防火部位。因工作需要确实需要进入防火部位的，应有专门人员陪同。

4. 机动车辆的行驶路线应远离公司的防火部位，机动车加油时应先熄火。因工作需要，进入防火部位的车辆应加装灭火罩。

5. 安全环保部应注意检查防火部位的电器情况，应使用防爆电器代替非防爆电器。

第7条　火种管理的奖罚措施

为了加强火种的监控管理，有效防止火灾事故的发生，安全环保部应加强火种管理的相关奖罚措施，以调动火种管理的积极性。常见的火种奖罚措施如图9—1所示。

1 ◎ 在防火部位吸烟的，根据公司规定扣罚____元

2 ◎ 玩忽职守，未及时发现防火部位出现火种的，扣罚____元

3 ◎ 因个人原因，导致防火部位出现火种的，扣罚当事人____元

◎ 发现并举报在防火部位吸烟的，经核实后，奖励____元 4

◎ 及时发现并消灭潜在火种的，经查实后，奖励____元 5

◎ 为防火部位的火种管理提出合理建议，并被采纳应用的，奖励____～____元 6

图9—1　常见的火种管理奖罚措施

第8条　本制度由安全环保部负责制定和定期修改。

第9条　本制度的最终解释权归安全环保部所有。

第10条　本制度经有关领导审批通过后，自颁布之日起正式实施。

修订记录	修订标记	修订处数	修订日期	修订执行人	审批签字

9.1.4 企业防火责任制管理办法

制度名称	企业防火责任制管理办法			受控状态	
				编　　号	
执行部门		监督部门		编修部门	

第 1 条　目的

为了贯彻"预防为主、防消结合"的消防方针，切实提高员工的防火意识和责任感，有效防止火灾事故的发生，维护公司员工和财产的安全，特制定本制度。

第 2 条　适用范围

本制度适用于公司所有员工防火责任管理工作。

第 3 条　执行部门

安全环保部负责防火责任制的编写、签订、监督及考核工作。

第 4 条　编制防火责任书

安全环保部应按照公司领导指示，根据公司发展规划，结合当前实际情况，为公司各级员工编制相应的防火责任书。具体编制步骤如图 9—2 所示。

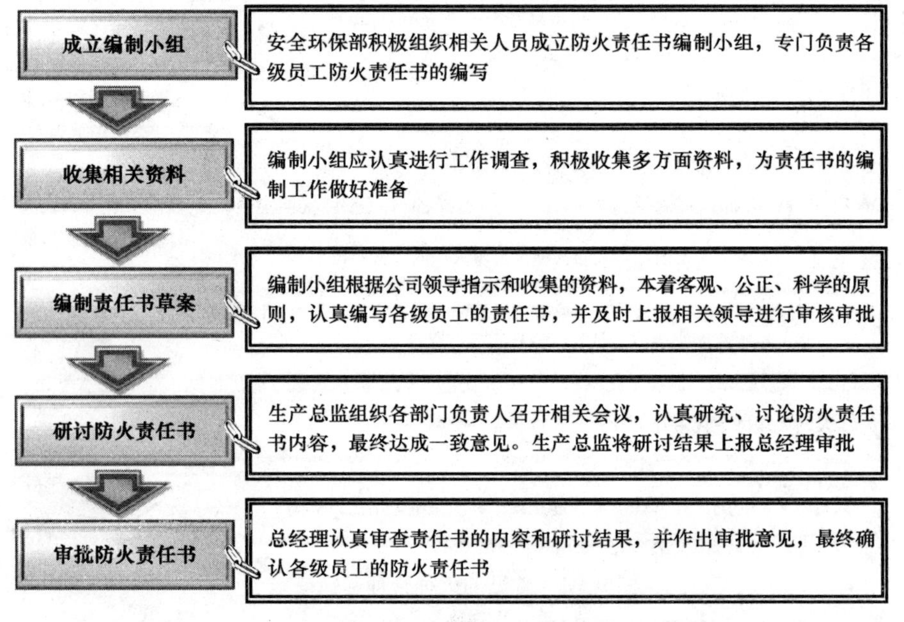

图 9—2　防火责任书编制流程图

第 5 条　签订防火责任书

公司各级员工的防火责任书确定后，安全环保部应组织召开相关会议，详细讲解消防的重要性，认真介绍安全防火的相关知识和技巧，阐述防火责任制的意义，要求与会人员认真阅读防火责任书的内容，并进行责任书签订。

续表

<table>
<tr><td rowspan="2">制度名称</td><td colspan="3" rowspan="2">企业防火责任制管理办法</td><td>受控状态</td><td></td></tr>
<tr><td>编　　号</td><td></td></tr>
<tr><td>执行部门</td><td></td><td>监督部门</td><td></td><td>编修部门</td><td></td></tr>
</table>

第 6 条　监督防火责任执行

防火责任书签订完毕后，安全环保部应严格按照责任书内容，监督各级人员的执行情况。若发现违反责任书规定，因个人原因造成消防安全隐患的，应根据有关规定对其进行处罚并督促其进行整改。

第 7 条　注意事项

安全环保部在进行防火责任制的管理时，应注意如图 9—3 所示的六点内容。

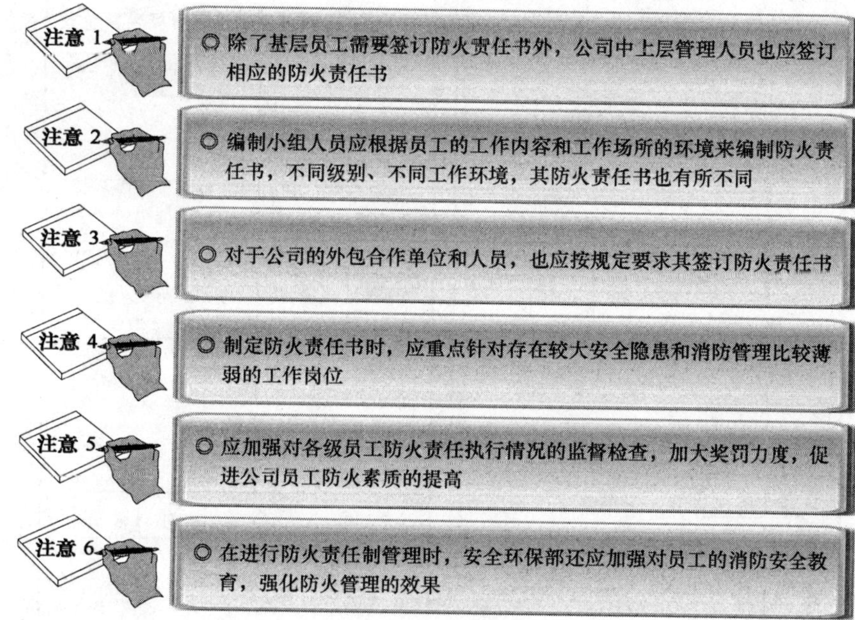

图 9—3　进行防火责任制管理的注意事项

第 8 条　本制度由安全环保部负责制定和具体的解释工作。

第 9 条　安全环保部应每年对该制度进行一次修改，不断完善其内容。

第 10 条　本制度经有关领导审批通过后，自颁布之日起正式实施。

<table>
<tr><td rowspan="3">修订记录</td><td>修订标记</td><td>修订处数</td><td>修订日期</td><td>修订执行人</td><td>审批签字</td></tr>
<tr><td></td><td></td><td></td><td></td><td></td></tr>
<tr><td></td><td></td><td></td><td></td><td></td></tr>
</table>

9.2 消防设施维护保养制度

9.2.1 用漫画解说制度

9.2.2　消防设施维护保养制度

<table>
<tr><td rowspan="2">制度名称</td><td colspan="3" rowspan="2">消防设施维护保养制度</td><td>受控状态</td><td></td></tr>
<tr><td>编　号</td><td></td></tr>
<tr><td>执行部门</td><td></td><td>监督部门</td><td></td><td>编修部门</td><td></td></tr>
</table>

第1章　总　则

第1条　目的

为了规范消防设施的维护保养工作，延长消防设施的使用寿命，确保其在消防应急救护中能立即正常发挥作用，特制定本制度。

第2条　适用范围

本制度适用于公司所有消防设施的维护保养管理工作。

第3条　执行人员

公司安全环保部应根据实际工作情况，将消防设施的维护工作合理分配到具体人员（以下统称“维护保养人员”），由其负责消防设施的维护保养工作。其他相关部门和人员应积极予以配合。

第2章　维护保养的内容

第4条　灭火器的维护保养

维护保养人员应擦拭灭火器表面，确认灭火器完好，检查灭火器的保险销和喷嘴并确认其完好，将其放置在指定位置，同时注意避免阳光直接照射。

第5条　消防栓的维护保养

维护保养人员应认真检查消防栓的阀门是否有泄漏，水枪、水带、接头是否完好、有无泄漏，消防栓的取放是否方便，使用是否灵活。另外，维护保养人员还应定期为消防栓进行润滑保养。

第6条　消防应急灯和疏散指示灯的维护保养

维护保养人员应仔细测试每一台消防应急灯和疏散指示灯，并擦拭其表面污渍，确保每一台消防应急灯和疏散指示灯都能正常工作。

第7条　火灾自动报警系统的维护保养

维护保养人员应认真检查火灾报警器外观，擦拭其表面尘土，同时仔细进行火灾报警试验，确认火灾自动报警系统能快速、准确地发现火灾并进行报警。

第8条　消防专用电话

维护保养人员应擦拭电话机外部灰尘，检查线路接触情况，并进行通话测试，确保其能正常使用。

第9条　应急广播系统

维护保养人员应仔细观察扬声器状况，并测试广播系统能否正常工作，若发现问题应立即联系相关人员，排除故障。

第3章　维护保养的实施

第10条　制定维护保养计划

安全环保部应根据消防设施的具体情况，制定合理的维护保养计划，经审批通过后，立即组织实施。

第11条　进行维护保养

维护保养人员按照维护保养计划，对消防设施进行定期或不定期的检查维护，及时发现并排除消防设施存在的问题，确保其正常可用。

续表

<table>
<tr><td rowspan="2">制度名称</td><td rowspan="2" colspan="3">消防设施维护保养制度</td><td>受控状态</td><td></td></tr>
<tr><td>编　号</td><td></td></tr>
<tr><td>执行部门</td><td></td><td>监督部门</td><td></td><td>编修部门</td><td></td></tr>
<tr><td colspan="6">第 12 条　检查维护保养效果
安全环保部相关人员应定期进行消防设施检查，评估维护保养人员的工作效果，并进行合理的奖罚。
第 4 章　附　　则
第 13 条　本制度由安全环保部负责制定和修改工作，最终解释权亦归安全环保部所有。
第 14 条　本制度经有关领导审批通过后，自颁布之日起开始实施。</td></tr>
</table>

<table>
<tr><td rowspan="3">修订记录</td><td>修订标记</td><td>修订处数</td><td>修订日期</td><td>修订执行人</td><td>审批签字</td></tr>
<tr><td></td><td></td><td></td><td></td><td></td></tr>
<tr><td></td><td></td><td></td><td></td><td></td></tr>
</table>

9.2.3　消防设施维护检查制度

<table>
<tr><td rowspan="2">制度名称</td><td rowspan="2" colspan="3">消防设施维护检查制度</td><td>受控状态</td><td></td></tr>
<tr><td>编　号</td><td></td></tr>
<tr><td>执行部门</td><td></td><td>监督部门</td><td></td><td>编修部门</td><td></td></tr>
<tr><td colspan="6">第 1 章　总　　则
第 1 条　目的
为了加强消防设施的监控，确保消防设施在需要时能立即投入使用，最大限度地保证公司员工和财产的安全，根据国家相关管理标准，结合公司具体情况，特制定本制度。
第 2 条　适用范围
本制度适用于公司所有消防设施的维护检查工作。
第 3 条　执行人员
安全环保部应根据实际工作情况，合理安排相关人员具体负责消防设施的维护和监察工作。其他相关部门和人员应积极予以配合。
第 2 章　维护检查的方式
第 4 条　巡查
巡查是指维护检查人员对消防设施的开关、阀门、管道等内容进行简易的检查，使其处于正常运行状态。巡检的检查频率一般为每日一次，部分复杂设施可每周检查一次。
第 5 条　单项检查
单项检查主要是针对单个的消防系统（如消防供配电设施、火灾自动报警系统、消防供水设施、自动灭火系统等）进行的维护检查活动。单项检查的频率一般为每月一次。
第 6 条　联动检查
联动检查主要是针对消防系统的联动控制功能进行的综合检查和评定。通常联动检查的频率一般至少为一年一次。</td></tr>
</table>

续表

制度名称	消防设施维护检查制度			受控状态	
				编　　号	
执行部门		监督部门		编修部门	

第 3 章　维护检查的实施

第 7 条　明确维护检查内容

消防设施的维护检查应涵盖公司的所有消防设施和系统。详细的消防设施检查内容见表 9—3。

表 9—3　消防设施主要的检查内容

序号	检查方式	检查对象	检查内容
1	巡查	消防供配电设施	◆电源状态、自备发电设备状态、消防配电房、发电机房环境、消防电源末端切换装置的工作状态
2		消防供水设施	◆消防水池和水箱的外观、消防水泵及控制柜工作状态、水泵接合器外观、标识、泵房工作环境
3		消防栓	◆室内消防栓外观、室外消防栓外观、消防炮外观、启动按钮外观
4		自动灭火系统	◆喷头外观、报警阀组外观、末端试水装置压力值
5	单项检查	消防供配电设施	◆主、备电切换功能，发电机自动、手动启动试验，发电机燃料检查
6		消防供水设施	◆消防水池、水箱的水量，增压设施压力工况，管道阀门启闭功能
7		消防栓	◆室内外消防栓出水及压力，消防栓启泵按钮，系统功能
8		自动灭火系统	◆报警阀组放水，末端试水装置放水
9	联动检查	消防供配电设施	◆消防供电设施供电功能和主备电源切换功能检查，检验供电能力
10		消防供水设施	◆水流指示器报警情况，压力开关、水力警铃动作
11		消防栓	◆消防水箱和消防水泵为消防栓的供水状况
12		自动灭火系统	◆模拟自动灭火、校验仪器仪表

第 8 条　制定维护检查计划

安全环保部应根据有关政策要求，结合消防设施的具体情况，编制科学合理的消防设施维护检查计划，并及时报有关领导批准。

第 9 条　实施维护检查工作

维护检查人员应根据检查计划，认真落实对消防设施的检查工作，认真做好检查记录。此外，除日常巡检外，单项检查和联动检查都应在检查完毕后编制检查报告，并及时上报有关领导进行审查。

第 10 条　进行检查效果评估

安全环保部相关人员应定期或不定期地对维护检查人员的工作效果进行检查和评估，并根据评估

续表

<table>
<tr><td rowspan="2">制度名称</td><td colspan="3" rowspan="2">消防设施维护检查制度</td><td>受控状态</td><td></td></tr>
<tr><td>编　　号</td><td></td></tr>
<tr><td>执行部门</td><td></td><td>监督部门</td><td></td><td>编修部门</td><td></td></tr>
<tr><td colspan="6">结果对维护检查人员进行适当的奖罚，以提高其工作积极性和责任感。
第 4 章　附　　则
第 11 条　安全环保部具体负责本制度的制定和修改工作。
第 12 条　本制度的最终解释权归安全环保部所有。
第 13 条　本制度经有关领导审批通过后，自____年____月____日起正式实施。</td></tr>
</table>

修订记录	修订标记	修订处数	修订日期	修订执行人	审批签字

第 10 章

企业工伤事故管理制度

10.1 工伤事故现场管理制度

10.1.1 用漫画解说制度

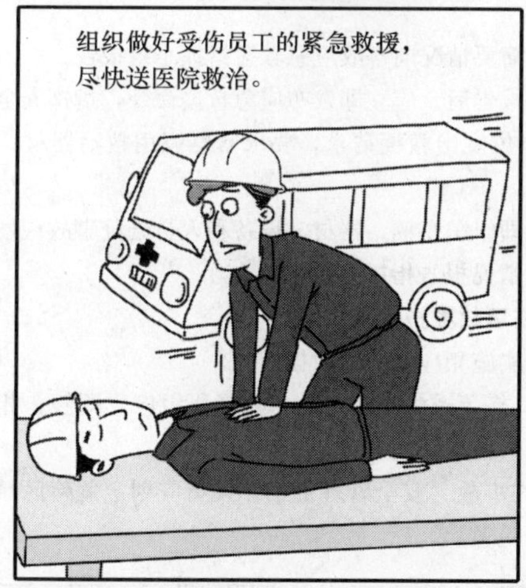

10.1.2 工伤事故紧急救护制度

<table>
<tr><td rowspan="2">制度名称</td><td colspan="3" rowspan="2">工伤事故紧急救护制度</td><td>受控状态</td><td></td></tr>
<tr><td>编　号</td><td></td></tr>
<tr><td>执行部门</td><td></td><td>监督部门</td><td></td><td>编修部门</td><td></td></tr>
</table>

第1章　总　　则

第1条　目的

为了提高紧急救援反应速度和协调水平，确保迅速有效地处理各类重大事故，使受伤员工尽快得到抢救和医治，最大限度地减轻受伤员工的痛苦和降低事故损失，特制定本制度。

第2条　适用范围

本制度适用于公司生产部所有车间、班组发生工伤事故时的紧急救护工作。

第3条　管理职责的分工

1. 公司成立事故应急救援指挥小组，在发生工伤事故时，应迅速赶赴现场，及时控制和处理事故，协调指挥有关部门开展救援行动。事故应急救援指挥小组由总经理、安全管理部经理、生产部经理、各车间主任等组成，总经理担任最高指挥。

2. 在发生工伤事故时，安全管理部相关人员应迅速赶赴现场，及时抢救事故人员，并做好事故现场保护工作。

第2章　工伤事故紧急救护管理程序

第4条　发生轻伤事故时，班组长可视受伤情况组织车间医务人员奔赴现场，对受伤人员进行现场简单救护，对伤员进行必要的处理。

第5条　生产现场发生重大事故后，现场责任班组应立即组织人员抢救，同时以最快的方式报告安全管理部。事故报告人员应交代清楚以下内容：

1. 发生事故的部门、班组及事故发生的时间、地点。

2. 事故的简要经过、伤亡人数、直接经济损失的估计。

3. 事故原因、性质的初步判断。

4. 事故抢救处理的情况和采取的措施。

5. 需要有关部门、单位协助事故救援和处理的有关事宜。

6. 事故报告人姓名、联系电话。

第6条　安全管理部必须以最快的方式，将事故简要情况向事故应急救援指挥小组报告。

第7条　事故应急救援指挥小组在接到工伤事故报告后，应立即发布应急救援命令，指挥安全管理部等有关部门实施救援行动，必要时向公安、消防单位发出救援请求，要求紧急调用救治器材、机械和人员，及时赶到现场进行抢救。

第8条　安全管理部在接到指挥小组命令后，立即组织车辆、器材、设备和人员赶赴事故现场，实施人员救援抢险工作，防止险情扩大，并随时将救援情况报告指挥小组。

第3章　各类工伤事故救护措施

第9条　根据工伤事故类型，安全管理部应组织实施相应的应急救援措施。

第10条　员工操作机器设备，造成割、绞、压、挤等重大工伤事故，生产班组应立即停止相关设备，并立即将受伤人员送往就近医院救治。

第11条　发生物体倒塌、坠落等重大撞击性工伤事故，安全管理部工作人员应划定危险区域，禁止无关人员进入危险区。受伤员工要立即送往就近医院救治。

续表

<table>
<tr><td>制度名称</td><td colspan="3" rowspan="2">工伤事故紧急救护制度</td><td>受控状态</td><td></td></tr>
<tr><td></td><td>编　　号</td><td></td></tr>
<tr><td>执行部门</td><td></td><td>监督部门</td><td></td><td>编修部门</td><td></td></tr>
<tr><td colspan="6">

第 12 条　发生触电事故，救援人员应掌握正确方法（穿戴绝缘手套和鞋子，准备木棒、竹竿等必要的绝缘物具），迅速切断电源或使用木棒、竹竿等绝缘物使触电者脱离电源，防止救援人员二次伤害。当触电者脱离电源后，现场救援人员应根据触电者的不同生理反应，进行现场急救处理。

1. 当触电症状较轻者（神志较清醒、呼吸心跳均自主者）应就地平卧，暂时不要站立或走动，防止续发休克或心衰。

2. 当触电症状较重者（神志不清醒，呼吸心跳非常虚弱或是没有）应立即送往就近医院救治。在触电的同时伴有其他伤害（如颈椎骨折，若触电者头部后仰易引发高位截瘫）时，现场人员应在专业救护人员到达现场后协助进行救助。

第 13 条　员工因操作、靠近炉具设备，蒸汽、高温等机器设备时，发生烫伤重大工伤事故，生产班组应立即停止现场相关机器设备，安全管理部划定危险区域，禁止无关人员进入危险区。

第 14 条　高空作业（如高空建筑、高空装修、高空维修、高空保养、高空擦拭）时发生重大工伤事故，安全管理部应划定危险及事故区域，保护好现场，禁止无关人员进入。受伤者要立即送往就近医院救治。

第 15 条　员工操作或管理炉具、液化石油气罐等不当，发生气体中毒重大工伤事故的救援措施如下：

1. 立即关停对现场相关机器设备、管道等，切断现场所有电源，保持空气流通，避免发生明火。

2. 划定危险区域，禁止人员进入危险区。

3. 迅速将中毒者搬离中毒场所至空气新鲜处，注意中毒者保暖，立即送往就近医院救治。

4. 其他不适者应注意保暖和休息。

第 16 条　对受伤人员救援时，应注意是否同时伴有其他伤害（如骨折、内脏破裂出血、脑出血等）。伴随症状较轻者（如局部骨折），在进行短暂正确应急处理后立即送往就近医院进行救治。症状较重者（如颈椎骨折、脑出血等），不要轻易移动伤者，待 120 急救人员到达现场后进行救护。

第 17 条　若现场判定受伤者已经死亡，安全管理部应划定事故区域，保护好现场，禁止无关人员进入，根据现场实际情况请求相关救援。

第 4 章　附　　则

第 18 条　本制度由安全管理部负责制定、解释和修改。

第 19 条　本制度自颁布之日起实施。

</td></tr>
</table>

<table>
<tr><td rowspan="3">修订记录</td><td>修订标记</td><td>修订处数</td><td>修订日期</td><td>修订执行人</td><td>审批签字</td></tr>
<tr><td></td><td></td><td></td><td></td><td></td></tr>
<tr><td></td><td></td><td></td><td></td><td></td></tr>
</table>

10.1.3 工伤事故现场保护制度

<table>
<tr><td rowspan="2">制度名称</td><td rowspan="2" colspan="3">工伤事故现场保护制度</td><td>受控状态</td><td></td></tr>
<tr><td>编　　号</td><td></td></tr>
<tr><td>执行部门</td><td></td><td>监督部门</td><td></td><td>编修部门</td><td></td></tr>
</table>

第1章　总　　则

第1条　目的

为了保护好事故现场，尽快查明事故真相，准确判断工伤事故的发生原因和责任方，提高工伤事故结案速度和事故调查处理质量，根据国家相关法律法规的要求，结合公司实际情况，特制定本制度。

第2条　适用范围

公司所有生产车间、班组发生工伤事故后都应按照本制度的要求保护好事故现场。

第3条　管理职责

1. 安全管理部负责根据发生事故现场的具体情况和周围环境，划定保护区的范围，布置警戒，将事故现场封锁起来。

2. 事故发生班组负责保护现场的原始状态，不得随意减少或增加任何痕迹、物品，不得故意破坏事故现场、毁灭有关证据，同时迅速向安全管理部报告。

3. 所有在事故现场的人员，都有妥善保护现场的义务。

第2章　事故现场保护的工作程序

第4条　事故发生班组应在工伤事故发生后，对受伤人员实施紧急抢救，在第一时间内拨打急救电话，同时迅速向安全管理部报告。

第5条　事故发生班组要保护现场的原始状态，不得随意破坏事故现场。因抢救人员，防止事故扩大或其他原因，需要移动事故现场物件的，应当做出标志，绘制现场简图并做出书面记录，妥善保存现场重要痕迹、物证。

第6条　安全管理部在接到事故报告之后，应立即赶赴出事地点，通过在现场周围的实地观察，对报告事故情况进行初步检查，若情况基本属实，应按发生事故基本情况迅速向上级有关部门报告。

第7条　安全管理部根据发生事故现场的情况和周围环境，划定保护区的范围，然后组织公司保卫人员在保护区周围设岗警戒，封锁事故现场。

第8条　对于在原事故现场工作的操作人员，安全管理部应组织其有序撤离保护区，或者撤离到保护区不重要的部位。同时禁止一切人（包括受害人的家属、亲友）进入保护区，即使是保护现场的人员，也不得无故进入，更不能擅自进行勘查，禁止随意触摸或者移动事故现场上的任何物品。

第9条　安全管理部在确定保护区的范围，清退进入事故现场的人员，以及采取紧急救护措施后，必须进入事故现场实地观察时，应当尽量使现场少受破坏，尽量避开造成事故发生的主要地方。移动现场上的破损部件、碎片、残留物、致害物时，均应贴上标签，注明地点、时间、管理者，不得在事故现场吸烟，也不可将别处的东西带到或丢弃在事故现场。

第10条　在对事故现场实施妥善的保护措施之后，安全管理部应立即采取各种不同形式，向事故发生班组了解发生事故的情况，确定事故目击者或知情人。

续表

<table>
<tr><td rowspan="2">制度名称</td><td rowspan="2" colspan="3">工伤事故现场保护制度</td><td>受控状态</td><td></td></tr>
<tr><td>编　　号</td><td></td></tr>
<tr><td>执行部门</td><td></td><td>监督部门</td><td></td><td>编修部门</td><td></td></tr>
</table>

第 3 章　工伤事故现场保护的方法

第 11 条　生产车间事故现场的保护方法。

1. 安全管理部将事故发生车间里可能留有发生事故的破损部件、碎片、残留物、致害物等一并封闭起来，布置警戒，张贴布告，或者绕以绳索，禁止一切人员入内。

2. 如果事故发生在独门的生产车间，可在车间内现场周围 4～5 m 处划出一道警戒线，设岗看守。

3. 如果事故发生在大生产车间内，可在发生事故的附近设岗看守。如果对生产没有多大影响，保护的范围也应扩大。若对生产有较大影响，可在封闭生产车间的同时，对上述可能留有痕迹、物证的地方进行一次巡视检查，发现了可疑的痕迹、物品，就地保护起来，但允许通行，以免因封闭范围过大，给生产带来不便。

第 12 条　对于事故现场破损部件、碎片、残留物、致害物的保护可采取以下方法：

1. 对生产车间内的痕迹、物品，保护人员一般不应触动，遇有特殊情况，如急救受伤人员、抢救财物、排除险情等，必须进入事故现场或者必须移动现场上的某些物品时，应当尽量避免踩踏事故现场的物品。

2. 对于行走路线上已发现的痕迹物品，可用粉笔白灰就地画圈标示，以免后来的人不注意而破坏掉。

3. 对于必须移动的物品，在拿取时应选择适当的部位以免破坏原有的痕迹。

4. 对于暴露在生产车间外的痕迹、物品，已经发现且有被他人破坏可能的，可用粉笔、白灰等画圈标示，以便引起注意；没有发现的，或者虽已发现但无破坏可能的，不必进行现场搜寻和作标记，以免因此反而使现场受到破坏。

第 4 章　附　　则

第 13 条　本制度由安全管理部负责制定，其解释权和修改权归安全管理部所有。

第 14 条　本制度经总经理审批通过后，自颁布之日起实施。

<table>
<tr><td rowspan="3">修订记录</td><td>修订标记</td><td>修订处数</td><td>修订日期</td><td>修订执行人</td><td>审批签字</td></tr>
<tr><td></td><td></td><td></td><td></td><td></td></tr>
<tr><td></td><td></td><td></td><td></td><td></td></tr>
</table>

10.1.4 工伤事故现场处置制度

<table>
<tr><td rowspan="2">制度名称</td><td rowspan="2" colspan="3">工伤事故现场处置制度</td><td>受控状态</td><td></td></tr>
<tr><td>编　号</td><td></td></tr>
<tr><td>执行部门</td><td></td><td>监督部门</td><td></td><td>编修部门</td><td></td></tr>
</table>

第1章　总　　则

第1条　目的

为了在事故发生后，充分利用一切可以利用的力量和资源，迅速控制事故发展，保护现场工作人员，将事故对人的伤害、财产和环境的破坏降低到最低程度，特制定本制度。

第2条　适用范围

本方案适用于对工伤事故发生现场的处置管理工作。

第3条　管理职责

1. 事故发生班组。发生工伤事故所在班组的班组长，必须在第一时间向上级领导、安全管理部报告。事故发生班组负责对受伤人员实施紧急抢救，同时保护好事故现场，积极配合安全管理部的工作。

2. 安全管理部。安全管理部负责第一时间赶赴事故现场，迅速确定现场应急处理措施，组织事故救援工作，组织对事故现场进行保护和勘察工作。

第2章　工伤事故现场处置程序

第4条　事故报告

发生工伤事故后，事故现场负责人在紧急抢救受伤人员的同时将事故概况（事故发生的时间、地点，伤员姓名、年龄、工种和职称、伤害程度，事故简要经过和原因）填写事故快报，呈报安全管理部。

第5条　组织营救

安全管理部接到报告后，立即赶赴现场，组织营救受伤人员，快速、有序地实施现场急救与安全转送受伤人员，以降低事故伤亡率，减少事故损失。对于扩散迅速、影响面积大的重大事故，应及时指导、组织事故现场其他人员撤离危险区域。

第6条　控制危险源

对受伤人员进行妥善处理后，安全管理部对事故危害的性质、区域范围、危害程度进行检验，及时控制造成事故的危险源，防止事故进一步扩展。

第7条　人员疏散

安全管理部应根据事故的性质、控制程度等决定是否对事故影响范围内的其他生产人员等进行疏散，人员疏散由安全管理部经理下达疏散命令，生产部相关领导参与实施。

第8条　事故现场保护

安全管理部应尽量保护事故现场，除必要的抢救和事故隐患处理工作之外，应尽量使现场原封不动。因抢救人员、防止工伤事故扩大以及交通等原因，需要移动现场物件时，要做好标志、标记，并绘制现场简图，写出书面材料，妥善保存现场重要痕迹、物证。

第9条　设立警戒区域

为保障现场应急救援工作的顺利开展，安全管理部应在事故现场周边建立警戒区域，防止与救援无关人员进入事故现场，保障救援队伍、物资运输和人群疏散等的交通畅通，并避免发生不必要的伤亡。

续表

<table>
<tr><td rowspan="2">制度名称</td><td colspan="3" rowspan="2">工伤事故现场处置制度</td><td>受控状态</td><td></td></tr>
<tr><td>编　　号</td><td></td></tr>
<tr><td>执行部门</td><td></td><td>监督部门</td><td></td><td>编修部门</td><td></td></tr>
</table>

第 10 条　事故现场勘察

在对事故现场做好保护措施后，安全管理部对事故现场进行勘察，查明事故总体情况，包括事故发生的过程、造成的后果，获取事故初步线索，采集重要证据，并对事故的原因做出调查。现场勘察要求全面细致，勘察人员要把现场的全貌、重要的物证收集、记录下来，对于已变动的现场证据要认真核对，去伪存真。

第 11 条　事故现场物证获取

事故现场勘察要获得以下证据和资料：

1. 现场物证。包括破损部件、碎片、残留物、致害物及其具体位置。每件物品都应保持原样并贴上标签，注明时间、地点和管理者。物件应保持原样，不得擦洗，对于其中危害人体健康的物品，要采取不损坏原始证据的安全防护措施。

2. 现场拍摄资料。包括现场采访和受伤人员出事原地的所有照片，可能被清除或被践踏的痕迹。

3. 绘制事故示意图。如事故现场示意图、流程图、受害者位置图等。

4. 其他有关事故资料。如发生事故的班组，受伤人员姓名、年龄、工种，事故发生前设备的性能和质量情况、个人防护措施状况等。

第 12 条　应急终止与现场恢复

1. 当事态得到有效控制，危险得以消除时，由安全管理部经理下达终止应急令。当终止应急救援后，事故现场仍然存在可能的不明隐患时，还需进一步采取预防措施及防护等，现场警戒不予解除，直至经技术部门技术鉴定确认无不明隐患后，由安全管理部经理下令解除现场警戒。

2. 警戒解除后，由安全管理部配合生产部负责恢复现场，主要清理临时设施、救援过程中产生的废弃物、恢复现场生产条件等。

第 3 章　附　　则

第 13 条　本制度未尽事宜，依照国家相关法律、法规和政策执行。

第 14 条　本制度自总经理办公会议审议后执行。

<table>
<tr><td rowspan="3">修订记录</td><td>修订标记</td><td>修订处数</td><td>修订日期</td><td>修订执行人</td><td>审批签字</td></tr>
<tr><td></td><td></td><td></td><td></td><td></td></tr>
<tr><td></td><td></td><td></td><td></td><td></td></tr>
</table>

10.2 工伤事故事后处置制度

10.2.1 用漫画解说制度

10.2.2　工伤事故休假制度

<table>
<tr><td rowspan="2">制度名称</td><td rowspan="2" colspan="3">工伤事故休假制度</td><td>受控状态</td><td></td></tr>
<tr><td>编　　号</td><td></td></tr>
<tr><td>执行部门</td><td></td><td>监督部门</td><td></td><td>编修部门</td><td></td></tr>
</table>

第 1 条　目的

为了加强和规范职工工伤休假期的管理，保障工伤职工和公司双方的合法权益，根据《工伤保险条例》，结合本公司实际情况，特制定本制度。

第 2 条　适用范围

本制度适用于公司现场作业人员的工伤休假管理。

第 3 条　工伤休假期的界定：公司根据有关社会保障行政部门的工伤鉴定，认定的工伤医疗期为工伤休假期。根据《工伤保险条例》规定，工伤医疗期实际为停工留薪期，一般不超过 12 个月，最长不超过 24 个月。

第 4 条　职工在取得工伤休假之前，应按照有关法律法规的规定向有关社会保障行政部门办理工伤鉴定手续，并将鉴定结果提交给公司，申请取得工伤休假。

第 5 条　公司根据有关社会保障行政部门的工伤鉴定，给予职工工伤休假。

1. 对于患病或受伤是否因工作引起的，由公司根据有关法律法规的规定及有关部门的工伤鉴定决定做出判断。

2. 职工未按规定向公司提交有关社会保障行政部门的工伤鉴定结果的，公司有权不给予该职工工伤休假或将该职工已休息的天数视为旷工。

第 6 条　工伤职工应及时将工伤医疗服务机构出具的诊断证明报送给所在单位，申请停工留薪。公司根据工伤医疗机构出具的诊断证明，确定其停工留薪期限，并书面通知工伤职工本人。

第 7 条　对于多部位或多组织器官受到伤害的，以对应的各停工留薪期中最长的期限作为该工伤职工的停工留薪期。各受损伤部位停工留薪期的时间不得累加。

第 8 条　遭受原发性损伤引起感染及并发症的，根据工伤医疗机构的诊断证明，可以在原停工留薪期的基础上增加 2 个月。

第 9 条　停工留薪期一般不超过 12 个月，伤情严重或者情况特殊的，经公司当地劳动能力鉴定委员会确认后可以适当延长，但延长期限不得超过 12 个月。

第 10 条　经劳动能力鉴定委员会确认，停工留薪期延长的，确认费及相关检查费用由公司承担；停工留薪期不需要延长的，确认费及相关检查费用由工伤职工个人承担。

第 11 条　工伤职工停工留薪期满，伤情尚未稳定或未痊愈，不能恢复工作仍需治疗的，应在期满前 5 个工作日内向公司提出延长停工留薪期的书面申请，并提交工伤医疗机构出具的休假证明。经公司审查通过后，可以延长停工留薪期。

第 12 条　停工留薪期满后，工伤职工或者其直系亲属未在规定的时间内提出延长停工留薪期申请的，停工留薪期终止。

第 13 条　工伤职工停工留薪期满，存在残疾、影响劳动能力的，应当再次进行劳动能力鉴定。

1. 在进行劳动能力鉴定期间，停发停工留薪期待遇，因伤情不能工作的，公司发给生活津贴，其标准不低于因病医疗期内的病假工资。

2. 鉴定完毕后，鉴定结果属于 7～10 级伤残的，员工可以继续工作，不得再以工伤需要治疗为由要求享受停工留薪期待遇。鉴定结果属于 1～6 级伤残的，则根据法律规定享受相应的伤残待遇，也不再享有停工留薪待遇。从评定伤残等级的次月起，按照国家相关规定享受因工伤残待遇。

续表

<table>
<tr><td rowspan="2">制度名称</td><td colspan="3" rowspan="2">工伤事故休假制度</td><td>受控状态</td><td></td></tr>
<tr><td>编　　号</td><td></td></tr>
<tr><td>执行部门</td><td></td><td>监督部门</td><td></td><td>编修部门</td><td></td></tr>
<tr><td colspan="6">3. 需要继续治疗的，必须有工伤医疗机构的休假证明，其工伤医疗费予以报销，但不享受停工留薪期待遇。公司发给生活津贴，其标准不低于因病医疗期内的病假工资。
第 14 条　工伤职工恢复工作后旧伤复发，需要重新确定停工留薪期的，按本制度执行。
第 15 条　本制度由人力资源部负责制定、解释和修改，报总经理办公会审议通过后，自颁发之日起生效实施。</td></tr>
</table>

修订记录	修订标记	修订处数	修订日期	修订执行人	审批签字

10.2.3　工伤事故责任追究办法

<table>
<tr><td rowspan="2">制度名称</td><td colspan="3" rowspan="2">工伤事故责任追究办法</td><td>受控状态</td><td></td></tr>
<tr><td>编　　号</td><td></td></tr>
<tr><td>执行部门</td><td></td><td>监督部门</td><td></td><td>编修部门</td><td></td></tr>
<tr><td colspan="6">第 1 章　总　　则
第 1 条　目的
为了提高公司全体员工的安全生产意识，减少人为因素造成的工伤事故发生，加强对工伤事故的警示作用，进一步明确工伤事故的责任主体并追究相关责任人的责任，特制定本制度。
第 2 条　适用范围
凡在公司发生的工伤事故，工伤事故责任认定适用于本办法。在公司外发生的工伤事故按照工伤认定标准确定责任。
第 3 条　工伤事故责任追究程序
对发生的工伤事故应按国家规定程序认真进行调查，根据事故发生的事实和对事故原因的分析，确定事故的直接责任者和间接责任者，再按其在事故发生过程中的作用和地位，确定事故的主要责任者、重要责任者、次要责任者，按事故的后果和责任者应负的责任提出处理意见。
第 4 条　本公司工伤事故责任追究遵循以下三大原则，即预防与惩治相结合的原则，实事求是、客观公正的原则，权利与责任统一的原则。
第 2 章　工伤事故责任确定标准
第 5 条　因生产设备或工装器具设计、制造、安装和检修上的错误或缺陷而造成事故的，由设计、制造、安装和检修者负责。
第 6 条　因工艺条件、技术操作方法上的错误或缺陷而造成事故的，由工艺条件、技术操作方法的确定者负责。
第 7 条　因缺乏安全管理制度，员工无章可循，或因安全生产投入不足，导致事故隐患及重大危险源点未能及时解决、控制或不按规定对职工进行安全教育和技术培训而造成事故的，由安全管理部负责。</td></tr>
</table>

续表

<table>
<tr><td rowspan="2">制度名称</td><td colspan="3" rowspan="2">工伤事故责任追究办法</td><td>受控状态</td><td></td></tr>
<tr><td>编　号</td><td></td></tr>
<tr><td>执行部门</td><td></td><td>监督部门</td><td></td><td>编修部门</td><td></td></tr>
</table>

第8条　因受伤人员上级指挥不当所造成的事故，由指挥者负责。

第9条　因生产作业现场缺少安全防护设施、装置、安全信号、警告标志而造成事故的，由生产组织者负责。

第10条　不按规定发给职工劳保用品而造成事故的，由综合管理部负责。

第11条　因设备、设施严重失修，严重超期、超负荷运转（使用）而造成事故的，由设备管理部负责。

第12条　因随意拆除安全防护装置、设施而造成事故的，由拆除决定者负责。

第13条　因违反安全规定、冒险作业或操作错误造成事故的，由操作者负责。

第14条　明知存在事故隐患，未及时消除而造成事故的，由车间主任负责；事故隐患已经上报有关部门，能够解决而未及时解决造成事故的，由贻误部门负责。

第15条　曾发生过事故，而未采取有效防范措施，致使同类事故重复发生的，由生产部相关领导负责。

第16条　由于工作不负责任，玩忽职守而造成事故的，由当事者负责。

第17条　未按国家规定拨付安全措施经费，或挪用安全措施经费，致使一些重大事故隐患长期得不到解决而造成事故的，由决策者和计划部门负责。

第18条　由于安全机构不健全，安全管理人员不足，致使现场安全监督检查不力，事故不断发生的，由安全管理部负责。

第19条　在工伤事故抢救中，因抢救不及时或领导组织不得力而造成严重后果的，由生产部和安全管理部领导负责。

第3章　工伤事故责任追究管理

第20条　对事故责任者的处理包括待岗、罚款、赔偿经济损失、行政处分、建议司法机关追究刑事责任，其中，行政处分包括警告、记过、记大过、降级降薪、留厂察看、解除劳动合同。

第21条　在生产经营活动中，有下列情形之一者，分别给予事故责任者经济处罚及行政处分，情节特别严重者，移交司法机关追究刑事责任。

1. 不听劝阻、违章作业、冒险蛮干造成轻伤事故的，给予责任者____元罚款；造成重伤事故的，给予警告处分；造成死亡事故的，给予记过以上处分。

2. 强迫他人冒险作业，造成轻伤事故的，给予指挥者警告处分；造成重伤事故的，给予记过处分；造成死亡事故的，给予记大过以上处分。

3. 违章指挥或明知存在重大事故隐患，未采取防范措施，造成轻伤事故的，给予责任者____元罚款；造成重伤事故的，给予记过以上处分；造成死亡事故的，给予记大过以上处分。

4. 玩忽职守、违反安全规定，造成轻伤事故的，给予责任者____元罚款；造成重伤事故的，给予警告以上处分；造成死亡事故的，给予记大过以上处分。

5. 明知他人违章作业，不劝阻、不制止，以致造成事故的，除给予违章者处分外，对检查人员或当事者也要给予处分；造成重伤事故的，给予警告处分；造成死亡事故的，给予记过以上处分。

6. 安全投入不足或不按规定对职工进行安全教育和技术培训而造成重伤事故的，给予有关责任者警告处分；造成死亡事故的，给予记过以上处分。

续表

制度名称	工伤事故责任追究办法			受控状态	
				编　　号	
执行部门		监督部门		编修部门	

7. 因设备设计、制造、安装、检修错误或缺陷，造成人员伤亡的，要追究设计、制造、安装、检修部门有关人员的责任。造成重伤事故的，给予警告以上处分，并追究经济赔偿；造成死亡事故的，给予记过以上处分，并追究经济赔偿。

8. 因采购假、冒、伪、劣劳动防护用品、工具、原料、材料、配品备件，造成人员伤亡事故的，要追究有关人员的责任。造成重伤事故的，给予责任者记过以上处分；造成死亡事故的，给予记大过以上处分。

第 22 条　在给予事故责任者行政处分的同时，可对责任者处以罚款或经济赔偿。对个人根据情节轻重处以____～____元罚款；对个人承担的经济赔偿，视损失大小控制在事故直接经济损失的 5%～20%；还可根据情节轻重，给予事故责任者降薪一个月、三个月和半年，降薪期间，只计发基础工资。

第 23 条　对批评或制止违章作业、违章指挥的人员进行打击报复，造成严重后果的，给当事人处以____～____元的经济处罚或记过以上行政处分，情节严重的要追究法律责任。

第 24 条　在伤亡事故的处理中，对公司主要领导人员的责任追究，按以下规定执行。

1. 每发生 1 人死亡事故、2 人重伤事故或 5～9 人伤害事故时，生产部经理到公司作检查；当年发生一次死亡 2 人的事故、10 人以上多人伤害事故或多人伤害事故中重伤超过 3 人、累计因工死亡 3 人时，公司视事故责任大小给予生产部主要领导行政处分；当年发生一次死亡 3 人（含 3 人）以上、50 人以上多人伤害的重大事故或累计因工死亡 4 人时，公司将严格按照经营管理层人员引咎辞职等有关规定办理。

2. 各部门负责人、车间主任、班组长责任追究参照上述规定执行。

3. 在进行上述责任追究的同时，还可根据事故情节轻重、事故直接经济损失大小对被追究人员给予____～____元的经济处罚。

第 4 章　附　　则

第 25 条　本制度由综合管理部负责制定和修改，其解释权归综合管理部。

第 26 条　本制度自颁布之日起实施；若本制度与企业其他规章制度有抵触之处，均以本制度为准。

修订记录	修订标记	修订处数	修订日期	修订执行人	审批签字